Sei still!

Titel der Originalausgabe:
Wake Up And Roar, Volume 2 –
Satsang with H. W. L. Poonja

Herausgegeben von:
Pacific Center Publishing, Hawaii
1993

Übersetzung: Atma Priya Bern
© J. Kamphausen
Verlag & Distribution GmbH
Bielefeld
Lektorat: Hans-Jürgen Zander
und Jutta Oppermann

Typografie und Satz:
Wilfried Klei
Umschlaggestaltung:
Arne Eckert
Druck & Verarbeitung:
Westermann Druck Zwickau

Deutsche Ausgabe:

1. Auflage 2002
Die Deutsche Bibliothek – CIP-Einheitsaufnahme

Ein Titelsatz für diese Publikation
ist bei der Deutschen Bibliothek erhältlich

ISBN 3-933496-61-6

Sei still!

Satsang mit H. W. L. Poonja

Herausgegeben von Eli Jaxon-Bear

ॐ

In diesem Spiel des Kali Yuga

Verankerte Sri Ramana

Die Stille und die Selbsterforschung

Im sattvischen Bereich.

Deshalb heißt er der Maharishi.

Sri Poonjaji schleuderte die Flamme

Der Stille auf den Marktplatz.

Er entfachte das geheime Brennen

des Nicht-Verweilens

Im Lande der Aktivität.

Und die Welt fängt Feuer.

Deshalb wird er Papaji genannt,

Geliebter Vater von allen.

Ergebener Sohn, Jaxon

* Sanskrit-Begriffe werden im Glossar erläutert

Vorwort

Am 19. Januar 1990, nach einer langen achtzehnjährigen spirituellen Suche, traf ich meinen letzten Lehrer. Von diesem Treffen wird in meinem Buch, *Wake Up and Roar* (*Wach auf, du bist frei'*) berichtet. Als ich meinem Meister zum ersten Mal begegnete, befand er sich allein in seinem Zimmer. Vier beseligende Tage durfte ich mit ihm allein verbringen, dann trafen Devotees ein, um ihn zu besuchen. Von diesem Zeitpunkt an fand man ihn nie mehr allein. Es ist jetzt zehn Jahre her, da ich durch Papaji's Tür ging und die letztendliche Erkenntnis stattgefunden hat. Während all dieser Zeit zeigt es sich, wie wahrhaftig seine Unterweisung ist, wie wahr und wie unendlich tief. Seine makellose Transmission von Stille und direkter Selbsterkenntnis breitet sich immer mehr und immer weiter über die ganze Erde aus.

1992 wurde mein Buch ‚*Wake Up and Roar*' veröffentlicht und anschließend in Deutsch, Französisch, Italienisch, Holländisch, Spanisch, Hebräisch, Ungarisch, Littauisch und Koreanisch übersetzt. Gleichzeitig ging von vielen Botschaftern Gangaji's und Papaji's die Kunde und auch der lebende Beweis aus, dass es für jeden möglich sei, in diesem Leben erleuchtet zu werden und Selbsterkenntnis zu erlangen. Beides bewirkte, dass sich der Besucherstrom nach Lucknow zu einer wahren Flut ausweitete.

Papaji hat Ashrams und Organisationen immer abgelehnt und zog es vor, alleine in der Welt zu wandern. Er pflegte zu sagen, man solle das, was angeboten wird, entgegennehmen, die Wahrheit erkennen und dann weiterziehen. Schon immer hatten Devotees, einzeln oder auch in kleinen Gruppen, über all die

Jahre hinweg ihren Weg zu seiner Tür gefunden und Erkenntnis erfahren, um dann wieder zu gehen. Während seiner letzten Jahre änderte sich das. Er meinte, da ihm jetzt die Beine ihren Dienst versagten, könne er seinen Devotees nicht länger davonlaufen. Eine kleine Kommune bildete sich um ihn.

Weil er sah, dass es im Westen keine Lehrer gab, die erleuchtete Schüler in die Welt entließen, sandte er Schüler mit seiner stillen Botschaft und der unmittelbaren, direkten Erkenntnis der Wahrheit des Selbst aus. Diese Ausgesandten verbreiteten auf der ganzen Welt, dass es einen lebenden Meister gäbe, der jedem, der hereinkam, die Freiheit schenkte. Einige dieser Botschafter waren sehr wach, andere weniger. Ihm schien es nichts auszumachen. Er war der Meinung, wenn die Menschen einer Situation ausgesetzt wären, wo sie die Wahrheit verbreiteten, würde das auch ihre Gedankenwelt reinigen. Einem dieser Lehrer, die er schickte, gab er den Namen Gangaji; sie hat sich selbst als Sadguru erwiesen und lehrt zur Zeit auf der gesamten Welt.

Die Art, auf die Papaji gelehrt hat, lässt sich in drei Abschnitte einteilen. Als ich ihm zuerst begegnete, lehrte er in derselben Weise, wie er es getan hatte, seit er von der Seite seines geliebten Ramana Maharshi ging. Es gibt einen Bericht eines französischen Priesters, der Papaji im Jahre 1953 traf. Die Art der Unterweisung, die Metaphern und Geschichten, die in dem Buch des Priesters wiedergegeben werden, waren im Wesentlichen unverändert, als ich 1990 zu ihm kam. Er wies direkt auf die unmittelbare Erkenntnis des Selbst hin. Er gestattete keinerlei Kompromisse bei seiner radikalen Weitergabe. Darin war er rücksichtslos. Seine Satsangs begannen nicht mit stiller Meditation, und er gestattete den Leuten auch nicht, in tiefes Samadhi zu fallen. Er bestand darauf, dass Erkenntnis hier und jetzt, in eben diesem Augenblick geschieht. Diese radikale Weitergabe der Wahrheit ist in seinem Buch *‚Wach auf, du bist frei'* nachzulesen.

Nach 1992 änderte sich die Art, wie er lehrte. Er zog jetzt eine andere Art von Schülern an. Bis dahin war es der seltene Sucher nach der Wahrheit, der von diesem geheimen Lehrer hörte und alles riskierte, nur um an seine Tür zu gelangen. In jenen Tagen mussten die ihn suchenden Schüler alles daran setzen, um ihn ausfindig zu machen, und es war durchaus nicht immer einfach, zu ihm zu gelangen.

Nach 1992 wurde Papaji sehr bekannt. Ironischerweise war just an dem Tag, an dem ich ihm begegnete, ein sehr populärer Guru gestorben. Wir hatten uns darüber bei einem unserer ersten Spaziergänge zusammen unterhalten, nachdem wir davon in der Zeitung gelesen hatten. Er fragte damals, was diesen Guru so populär machte, da keiner seiner Schüler Erleuchtung erlangt hätte. Ich sagte, es sei deshalb, weil er sie auch lehrte, dass sie Sex haben und ihre Wünsche und Begierden als einen Weg zur Erleuchtung ausleben könnten. Aus den Augenwinkeln warf er mir einen seiner verschmitzten Blicke zu und sagte: „Niemand wird erleuchtet, wenn er seinen Begierden nachläuft." Bald trafen unzählige Devotees dieses Gurus in Lucknow, Papaji's Heimatstadt, ein. Zunächst unterwies er sie auf seine übliche Art, aber bald musste er einsehen, dass es bei den meisten von ihnen nicht funktionierte. Einmal fragte er sie: „Seid ehrlich, wenn es auf den Straßen ein Fest zu feiern gäbe, würdet ihr hier im Satsang sitzen?"

Aus seinem großen Mitgefühl und dem Wunsch zu helfen, verkündete Papaji die wesentlichen Lehren über die Natur des Verlangens, die Natur der Sinne, die Natur des Mind. Es sind hauptsächlich diese Unterweisungen, die in dem vorliegenden Buch zusammengefasst sind. Dieses Buch ist unter dem Titel *‚Wake Up and Roar, volume 2'* auf Englisch erschienen.

Noch einmal änderten sich seine Satsangs. Jetzt wurde gesungen und getanzt, und der einzige Kontakt zu ihm, der jetzt möglich war, fand durch Briefe statt. Manchmal ließ er einen Fernseher im Satsang aufstellen, so dass er seine Kricket-Spiele verfolgen konnte.

Dennoch: Sobald ein wahrer Sucher auftauchte, fand auch dieser den Weg in Papaji's „geheimes Zimmer", wo in privatem Kontakt die wahre Unterweisung stattfand.

Papaji starb in Lucknow, Indien, am 6. September 1997.

Seine letzten Worte waren seine letzte Lehre. Dieselbe Lehre. Die einzige Lehre. Während er sich auf der Intensivstation im Krankenhaus befand, griff er mit seinem letzten Atem nach der Hand eines seiner Devotees und fragte: „Wo ist Buddha?"

„Ich verstehe, Papaji," antwortete sein Devotee, indem er ihn missverstand.

„Buddha kann nicht gekannt werden!", sagte er.

Er griff nach der Hand der anderen Devotee, die dort mit ihm auf der Intensivstation war und fragte mit glühendem Nachdruck: „Wo ist Buddha?!!"

„Du bist der Buddha", antwortete sie.

Er drückte fester zu und fragte noch einmal: „Wo ist Buddha?!!!"

Sie hielt ein Photo von Ramana Maharshi hoch.

Er fragte ein letztes Mal. Mit seinem letzten Atem lehrte er, indem er versuchte – über alle spirituellen Konzepte hinweg – direkte, unmittelbare Erkenntnis zu vermitteln.

Als man ihn fragte, ob er weitere Behandlung wünsche, um seinen Körper am Leben zu erhalten, sagte er zweimal: „Bas!, Bas!", was auf Hindi soviel bedeutet wie „Genug!" oder beendet.

Papaji's Körper wurde von Hunderten singender Devotees durch die Straßen von Lucknow getragen. Den Körper verbrannte man an einem Ghat (einer Verbrennungsstätte) am Gompti-Fluss in Lucknow, und seine Asche wurde nach

Hardwar gebracht, um sie dort seinem geliebten Ganga-Fluss zu übergeben.

Sein Körper ist gegangen, aber *Er* ist immer noch hier, lebendig im Herzen aller, die ihn lieben. Viele tragen seine Botschaft eines möglichen Weltfriedens durch unmittelbare Selbsterkenntnis in ihren Herzen und in die Welt.

Mögen alle Wesen erwachen! Das ist sein Wunsch.

Eli Jaxon-Bear
19. Januar 2000
Bolinas, Kalifornien

Über Sri Poonjaji

Sri Harilal W. Poonja wurde am 13. Oktober 1910 in Gujranwala in Indien geboren. Seine Kindheit verbrachte er in Lyalpur (dem heutigen Faisalabad), das im westlichen Teil des Punjab liegt und später zu einem Teil Pakistans wurde. Seine Mutter war die Schwester eines der am tiefsten verehrten Heiligen in Indien, Swami Rama Thirtha.

Rama Tirthas Poesie wurzelte im nicht-dualen Bewusstsein, das Versprechen des Advaita-Hinduismus. Seine Kadenzen, seine Einsichten und seine Liebe zur Natur spiegeln sich auf bemerkenswerte Weise im Erwachen seines Neffen wider. Rama Thirtha zog sich in die Einsamkeit seines geliebten Himalaja zurück, und im Oktober 1906, er war vierunddreißig Jahre alt, stieg er in einen reißenden Fluss, um niemals zurückzukommen. Ein Wandgemälde von Rama Thirtha auf einer Tempelwand in Rishikesh ist einem Porträt des jungen Poonjaji so verblüffend ähnlich, dass es dem Betrachter den Atem verschlägt. Im Oktober, vier Jahre danach, wurde Sri Poonjaji geboren.

Als Kind hörte Harilal im Radio eine Übertragung aus Peshawar über Buddha. Er war davon so tief berührt, dass er meinte, er müsse den Buddha übertreffen, obwohl ihm nicht ganz klar war, was das zu bedeuten hätte.

Ungefähr um diese Zeit sah er ein Bild des Buddha in einem Schulbuch, das diesen als knochigen Asketen zeigte. Er fing heimlich an, sein Essen den Tieren zu geben, und bald stachen ihm die Rippen aus dem Körper.

Es machte ihn glücklich, wenn seine Schulkameraden auf ihn zeigten und lachend „Buddha, Buddha" riefen. Sein Vater aber war gar nicht erfreut. Er machte sich Sorgen um die Gesundheit seines Sohnes und nahm ihn mit zum Arzt, der den Jungen bald wieder zum Essen veranlasste.

Harilal ging immer noch heimlich als Sadhu verkleidet mit einer Bettelschale durch den Ort und predigte auf dem städtischen Marktplatz. Während der Zeit auf dem Gymnasium, wo er der Wrestling-Mannschaft angehörte, las er in einer Illustrierten einen Artikel über Yoga. Er stellte seinen Speiseplan um und nahm ein Jahr lang, während er Yoga praktizierte, ausschließlich Büffelmilch zu sich.

Sein erstes tiefes Samadhi geschah, als er ungefähr neun Jahre alt war. Der Erste Weltkrieg war zu Ende gegangen, und um den Sieg der Briten zu feiern, bekamen alle Kinder Abzeichen und hatten schulfrei. Die Familie saß in einem Restaurant zusammen, und es gab ein von Kindern heiß begehrtes Milchmixgetränk mit Mandeln und Mangos. Als ihm das Getränk vorgesetzt wurde, rührte sich Poonjaji nicht. Er war tief versunken und seiner Umgebung so entrückt, dass es ihm unmöglich war, auf äußere Reize zu reagieren. Man brachte ihn zu einer Moschee am Ort, wo man annahm, dass er besessen sei, so dass Mantras (heilige Worte) rezitiert wurden.

Als er wieder zu sich kam, fragte ihn seine Mutter, warum er die ganze Nacht gelacht und geweint hätte. Er konnte es nicht sagen. Sie fragte ihn, ob er Krishna gesehen hätte. Er hatte aber gar nichts gesehen, das zu benennen wäre. Es war ihm nicht möglich, über seine Erfahrung zu sprechen. Unter dem starken Einfluss seiner Mutter wurde er sehr bald zu einem Krishna-Devotee. Er folgte einer Mantra-Praxis, die er Tag und Nacht ausübte und die er auch noch beibehielt, nachdem er 1944 seinem Meister begegnet war.

Er war zwanzig Jahre alt, als seine Eltern die Heirat für ihn arrangierten. Später ging er als Offizier in die Armee. Während der Zeit dort wurde seinem Adjudanten mitgeteilt, er solle „Poonja's Whisky-Ration drosseln". Der Adjudant entgegnete, dass Poonja überhaupt nie Alkohol zu sich nahm.

Stattdessen stand er um zwei Uhr nachts auf und rezitierte seine Mantras in hingebungsvoller Liebe zu Krishna, nach dem er rief. Er lacht jetzt darüber, wenn er erzählt, dass er sich manchmal Frauenkleider angezogen hatte, um Krishna herbeizulocken, der dafür berühmt ist, stets in Gesellschaft junger Frauen zu sein. Die Glückseligkeit, die er dadurch erfuhr und ihm ins Gesicht geschrieben stand, wurde ihm fälschlicherweise als Trunkenheit ausgelegt.

Obwohl er einer ehrgeizigen und aufstrebenden Offiziersgruppe angehörte, die dazu ausersehen war, die Führung zu übernehmen, nachdem die Briten einmal Indien verlassen hatten, konnte er seiner Karriere nicht weiter nachgehen. Er musste seinem Herzen folgen und quittierte den Dienst. Er brachte seine Familie im Haus seines Vaters unter, bat ihn um Unterstützung und begab sich auf eine spirituelle Pilgerfahrt und Suche.

Er durchwanderte einen großen Teil Indiens und seine Suche führte ihn bis hinauf in den Himalaja, wo er Klöster, Ashrams und heilige Männer aufsuchte. Er wollte Gott und suchte nach Gott. Jedem bot er alles, was er hatte, wenn man ihm nur Gott zeigen könne. Überall wo er hinkam, wurde er enttäuscht, denn er traf nur auf „Geschäftsleute, die als Sadhus verkleidet waren".

So war er ohne einen Pfennig und wohnte zusammen mit seiner Frau und seinen zwei Kindern im Haus seines Vaters, als ihn sein Meister endlich nach Hause rief. Die Geschichte ist berühmt. Poonjaji erzählt sie mit seinen eigenen Worten auf den Seiten 145 - 149 in diesem Buch – und im ersten Band dieses Werkes – *'Wach auf, du bist frei'* – ist sie ebenfalls wiedergegeben. Der große Maharishi Bhagavan Sri Ramana erschien, dem Augenschein nach als Sadhu, bei Poonjaji zu Hause und wies ihn an, nach Tiruvannamalai zu gehen. Dort, zu Füßen seines Meisters, endete die Suche. Er war jetzt vierunddreißig Jahre alt.

Die nächsten drei Jahre arbeitete Poonjaji in Madras und verbrachte jede freie Minute in der Gegenwart seines Meisters. 1947 teilte man dem Maharishi mit, dass Poonjaji noch Verwandte im moslemischen Teil des Punjab hatte. Bhagavan beauftragte Poonjaji, hinzugehen und seine Familie zu retten, denn mit der Teilung Indiens ereigneten sich viele Massaker. Poonjaji wollte jedoch nicht weggehen.

„Das alles ist ein Traum," sagte er zu seinem Meister. „Ich will dich nicht verlassen."

„Wenn es ein Traum ist, welchen Schaden kann es dann anrichten?", antwortete der Maharishi. „Ich werde dich niemals verlassen. Wo immer du bist, ich bin bei dir."

Diese Wahrheit wurde kurz darauf auf sehr eindringliche Weise sichtbar.

Während er den Zug von Lahore nach Faisalabad bestieg, spürte Poonjaji Ramanas Führung, und anstatt sich in das Abteil zu den Hindus zu setzen, stieg er unerklärlicherweise in den Wagen ein, der voller Moslems war. Kaum aus dem Bahnhof wurde der Zug von Moslems angehalten, und alle Hindus wurden vor Poonjaji's Augen abgeschlachtet.

Er versuchte zwar, das tätowierte *OM* auf seiner Hand zu verbergen, aber er wies immer noch alle Zeichen eines Hindu-Brahmanen einschließlich seiner durchstochenen Ohren auf. Er verbrachte die restlichen zwanzig Stunden seiner Reise inmitten der Moslems und wurde von keinem bemerkt oder behelligt.

Als er in Faisalabad ankam, war die Situation ausgesprochen schlimm: In den Straßen herrschte Aufruhr. Es gelang ihm, fünfunddreißig Familienmitglieder mit dem letzten Zug, der Lahore verließ, hinauszubringen. Noch während der Zug aus dem Bahnhof fuhr, wurden die Schienen dahinter zerstört.

Er kannte einen hilfreichen Armee-Offizier in Lucknow und brachte deshalb seine Familie dorthin. Seit dieser Zeit lebt seine Familie in Lucknow. (Bemerkenswerterweise hatte hier Swami Rama Tirtha sein Pratisthan und hat es noch.) Für eine Weile arbeitete er in Lucknow für Allise Chalmers und verkaufte schweres Ackerbaugerät zur Bodenbearbeitung in der Landwirtschaft wie Pflüge und Traktoren.

Obwohl er seinen Pflichten als Familienoberhaupt nachkam und für seine Familie und die Ausbildung seiner Kinder sorgte, konnte er das Familienleben nicht ertragen. Nach ein paar Jahren ließ er seine Familie in Lucknow zurück und ging wieder in den Süden, wo er eine Stelle als Bergbauingenieur im Dschungel von Mangalore fand. Er lebte in einer einfachen Hütte im Wald und hatte die Aufsicht über Hunderte von Männern, für die er verantwortlich war. Er suchte nach neuen Erzlagern im Dschungel, besuchte Ramanasramam, und ab und zu fand ihn ein Schüler.

Eines Tages hörte der oberste Gerichtspräsident Indiens von diesem gottestrunkenen Sadhu im Dschungel und wollte ihn aufsuchen. Der Richter erwartete, einem in ein Lendentuch gehüllten Sadhu zu begegnen und war nicht wenig überrascht, als er Poonjaji mit seinen Lederstiefeln und Jacke zu Gesicht bekam, wie er einen Jeep lenkte. Dennoch, nach einem Blick und ein paar gewechselten Worten, fand sich der oberste Richter singend und im Kreise tanzend wieder.

Es war zu dieser Zeit, 1953, dass Poonjaji den katholischen Priester Abhishiktananda traf (Abhishiktananda's Bericht über dieses Treffen ist auszugsweise in Band I dieses Werkes – *‚Wach auf, du bist frei'* – enthalten).

Während eines Guru-Purnima-Festes kam Poonjaji durch ein Dorf, wo man ihn nicht kannte. Weil er Hilfe benötigte, hielt er vor einem Haus und wurde hineingebeten. Obwohl seine Kleider schmutzig und mit Schlamm bedeckt waren und er protestierte, nötigte man ihn auf den Platz des Gurus und verehrte ihn als solchen. Später bauten sie ihm dort eine kleine Hütte in der Hoffnung, dass er in das Dorf zurückkehren würde. Die Frau dieses Ehepaares, die zum Zeitpunkt dieser Niederschrift noch lebt, beansprucht, Poonjaji's älteste Schülerin zu sein. Auch ihre Kinder, jetzt in den Vierzigern, sind seine Schüler.

Nachdem die Schulbildung seiner Kinder beendet, sie erwachsen und verheiratet waren, setzte Poonjaji sich zur Ruhe. 1966 begann er durch ganz Indien zu reisen und verbreitete die Erkenntnis, die er erfahren hatte und die in ihm brannte. Er lebte an den Ufern des Ganges, kochte über einem Feuer und aß von einem flachen Stein.

Während der Kumbha Mela, einem großen religiösen Fest mit unzähligen Menschenmassen, das alle zwölf Jahre stattfindet, kommen Millionen, um im heiligen Ganga-Fluss zu baden und Ganga's Darshan zu erhalten. Bei einer Maha Kumbha Mela (immer nach zwölf Kumbha Melas, also nach 144 Jahre stattfindend) hatte Poonjaji eine bemerkenswerte Vision. Weiter oben an den Flussufern, abseits der Menschenmenge, sah er eine wunderschöne junge Frau, mit Augen, wie er sie noch nie zuvor an einem Menschen erblickt hatte. Sie kam auf ihn zu und er fragte sie, wo ihre Eltern seien. Sie sagte, sie sei gekommen, um *seinen* Darshan zu erhalten. Dann warf sie sich ihm zu Füßen, ging in den Fluss und war verschwunden. Erst jetzt erkannte er, dass er Ganga begegnet war – dem Geist des Flusses.

Zu einem anderen Zeitpunkt war Poonjaji unterwegs auf der Suche nach den verborgenen Rishis, von denen man sagt, dass sie unsterbliche Soma-Esser sind und sich tief in den Himalaja-Bergen versteckt halten. Während er weit abseits in den Bergen umherwanderte, traf er einen Siddha Yogi aus Kaschmir. Sie beschlossen, ihre Erfahrungen und Erkenntnisse gegenseitig auszutauschen. Der Yogi demonstrierte seine Kräfte, er konnte levitieren (frei schweben) und besaß zudem einen Stab, der ihm von Yama, dem Herrn des Todes, übergeben worden war. Er ließ Poonjaji wissen, dass er, solange er den Stab hätte, nicht sterben würde.

Wenn der Siddha die Göttin Saraswati anrief, konnte er in Sprachen reden, die er niemals gelernt hatte. Poonjaji, der Persisch, Englisch, Tamil und verschiedene andere südindische Dialekte kannte, prüfte ihn eingehend darin und war zufrieden. Der Mann sagte, dass ihm sein Meister alles, was er wusste, beigebracht hätte. Er hätte ihm aber auch gesagt, dass dies nicht das endgültige Wissen sei. Auf dem Totenbett erteilte ihm sein Meister den Auftrag, zu gehen und nach der endgültigen Wahrheit zu suchen.

Nach dieser Demonstration fragte der Yogi Poonjaji, ob er ihm zu der letzten Wahrheit verhelfen könne. Poonjaji stimmte zu. Zuerst nahm er den Stock des Mannes und warf ihn in den Ganga-Fluss.

„Jetzt", sagte Poonjaji zu ihm, „wird dieser Körper leben und sterben wie jeder andere auch. Alles, was du mir gezeigt hast, hast du mit Geisteskraft zustande gebracht, mit Hilfe des Mind. Mantras, Erscheinungen von Gottheiten sowie besondere Kräfte – alles wird mit dem Mind und mit dem Körper getan. Jetzt halte für eine Minute inne ..."

Poonjaji sah dem Mann in die Augen. „Versuch es jetzt!", forderte er ihn auf. „Ruf deine Götter an und sieh, was geschieht!"

Nichts geschah. Mit reglosem Mind konnte der Mann seine Kräfte nicht einsetzen. Und so, mit einem Wort, erleuchtete ihn Poonjaji mit dem endgültigen Wissen.

Der Siddha warf sich ihm zu Füßen. Er meinte: „Mein Meister hat zu mir gesagt: ‚Solltest du jemals einen finden, der dir dieses Wissen vermacht, musst du ihm für den Rest deines Lebens zu Diensten sein.' Deshalb bin ich euer Diener, Sir. Ich werde mit euch gehen."

Poonjaji ließ den Mann wissen, dass er stets alleine reiste und gestattete ihm nicht, bei ihm zu bleiben.

In den späten Sechzigern wurde Poonjaji von vielen der ersten „Hippies" entdeckt. Er hielt sich in einer Höhle am Ganges auf, und sie stahlen sich aus ihren Ashrams fort, um zu ihm zu kommen und bei ihm zu sein. Ihr Verlangen nach Wahrheit und die Aufrichtigkeit, mit der sie ihrer Sache ergeben waren, beeindruckte ihn.

Viele dieser jungen Sucher luden Poonjaji zu sich nach Hause ein, so dass er in verschiedenen Ländern der Erde lehren konnte. Er bereiste Europa, die Vereinigten Staaten von Amerika, Australien und Südamerika. Wo immer er hinkam, gestattete er keinen Ashram, keine Organisation und lehnte es ab, irgendwo sesshaft zu werden.

Er erklärte das so: „Das ganze Universum ist mein Ashram."

Vorwort zur englischen Ausgabe

Dieses Buch stützt sich auf Satsangs und private Interviews in Lucknow/Indien aus der Zeit von April 1991 bis Dezember 1992. Die Satsangs, die für jeden zugänglich waren, fanden im Haus von Sri H. W. L. Poonja statt, einem vollkommen Selbst-verwirklichten Sadguru. Die vielen verschiedenen Teilnehmer, die ihm Fragen stellten, sprechen hier mit einer Stimme.

Sri Poonjaji wurde am 13. Oktober 1910 im westlichen Teil des Punjab geboren. Sein erstes *Samadhi** erfuhr er im Alter von neun Jahren. Er begegnete seinem Meister, Bhagavan Sri Ramana Maharshi, im Jahre 1944. Er ging weiter einer Arbeit nach und unterstützte viele Mitglieder seiner großen Familie, bevor er sich 1966 zur Ruhe setzte.

Nachdem er an den Ufern des Ganges gelebt hatte und durch die ganze Welt gereist war, lebt er jetzt in Lucknow/Indien. Da die Sucher inzwischen Hunderte sind, findet Satsang nunmehr in einem größeren Haus in seiner Nähe in der Nachbarschaft statt.

Februar 1993

* *Samadhi* – Zustand von Glückseligkeit

Was ist Erleuchtung?

Papaji, was ist Erleuchtung?

Regloser Mind ist Erleuchtung.

Wenn du zu dir selbst zurückkehrst, dann nennt man das Erwachen, Befreiung, Freiheit. Dein eigenes Selbst erkannt zu haben heißt, alles zu wissen, alles zu kennen.

In dieses Erwachen ist die Erkenntnis eingewebt, dass das gesamte Universum sich in dir befindet. Alle Universen sind in dir, und du bist das Universum.

Dies ist das letzte, das endgültige Verstehen. Indem du das weißt, weißt du alles. Solange du das nicht weißt, weißt du nichts, unabhängig davon, wie viel Information du anhäufst.

Ohne diese Kenntnis bist du unwissend. Indem du das Absolute erkannt hast, bist du alles ... ohne Anfang, Mitte, Ende; ohne Geburt und ohne Tod. Hier endet alle Furcht.

Erleuchtung ist außerhalb von Zeit und ist weder Wachen noch Schlafen noch Träumen. Untersuche einfach das Verlangen „Ich will frei sein"! Aus welchem Zustand kommt das? Es ist ein transzendenter Zustand, der von nirgendwo kommt.

Papaji, wie kann ich den Mind beruhigen?

Traditionellerweise gibt es zwei vorgeschriebene Wege. Der eine ist der Weg der Selbsterforschung, der sich für sehr wenige, sehr kluge Leute eignet; der andere ist Yoga. Yoga ist Konzentration, Meditation und Praxis.

Bei der Selbsterforschung musst du zunächst fähig sein, zwischen dem, was wirklich ist, und dem Unrealen zu unterscheiden. Das ist doch nur vernünftig. Nimm das auf, was wirklich ist, und halte daran fest, oder umgekehrt: Weise Unwahrheit oder das Unreale zurück!

Studieren, Pilgerfahrten und in die heiligen Wasser eintauchen wird dir hier nicht helfen. Sämtliche Sutras und die heiligen Schriften wie ein Papagei auswendig zu können wird dir keine Hilfe sein. Auch Opfergaben, Askese, Almosen und gute Werke helfen da nicht.

Das allerwichtigste Erfordernis ist der brennende Wunsch nach Freiheit. Dieses Verlangen allein genügt. Wenn du ein brennendes Verlangen nach der Freiheit hast, wird Satsang in dein Leben treten.

Was ist Satsang? Bleib still! Egal, wo der Mind hingeht, bring ihn zurück zu seinem Ursprung! Wenn du es alleine nicht vermagst, finde einen perfekten Lehrer!

In der Wahl deiner Lehrer darfst du keinen Fehler begehen. Es geht hier um einen Pakt zwischen deinem menschlichen Dasein und der Erleuchtung. Vergeude dein Leben nicht mit jemandem, der nicht auch liefern kann!

Wenn du, koste es was es wolle, auf Freiheit aus bist, wenn du Freiheit in diesem Leben haben musst, in diesem Jahr, in diesem Moment, an diesem Tag, *jetzt* – dann musst du eine Wahl treffen. Die beste Wahl ist die der Selbsterforschung. Der Mind ist auf der Stelle still und reglos.

Meditation muss beständig erfolgen. Nicht nur für wenige Stunden. Du musst dich in der Realität des wirklichen Selbst verankern. Allein das Selbst ist wahrhaftig und wahr; alles andere ist Lüge.

Du musst alles gehen lassen, fallen lassen. Schlussendlich lass auch das Lernen aus den Büchern fallen! Öffne dein eigenes Buch und sei still!

Wie viele von sechs Milliarden Menschen auf der Erde verlangt es wohl nach Freiheit? Wie selten passiert das? Möglicherweise ist es der Erde nicht vergönnt, auch nur einen erleuchteten Menschen in einem Land hervorzubringen. Um auf einen erleuchteten Menschen zu sehen, schauen wir mehr als 2500 Jahre zurück. Da finden wir diesen Prinzen, der erleuchtet wurde, und immer noch erwähnen wir täglich seinen Namen.

Als er erwachte, schlief er an der Seite seiner Ehefrau, bei seiner Königin und seinem Sohn. Er hatte einen Palast, er hatte Elefanten, Pferde, Schätze, Armeen und junge Tänzerinnen. Dieser junge Mann hatte in seinem Palast kein Leid kennen gelernt. Woher kam dieses Verlangen „Ich will frei sein“? Wo stieg es auf?

Um Mitternacht erwachte er. Auf der einen Seite sah er die Schönheit seines Landes, die Schönheit seiner Frau; auf der anderen Seite seinen Sohn, das Geschenk der Ehe. Dieser Mann ist aufgewacht – dazwischen, mittendrin. Während du dies hörst, schließ dich nicht aus! Du bist selbst der Buddha. Er war ein Mensch. Du bist ein Mensch. Er hatte möglicherweise mehr Verantwortung zu tragen als du. Er hatte gewaltige Pflichten zu erfüllen, unvergleichlich mehr als du. Und er musste Zeit finden, um sich diesem Verlangen nach Freiheit zu widmen.

Nachdem er Zeit gefunden, sich die Zeit genommen hatte, zeigt dieser Mann nun *uns* das Licht. Er ist nicht tot. Wir gedenken seiner jeden Tag. Er lebt im Herzen aller. Wer kennt nicht

Buddha? Sein Name leuchtet in jedem Land. Du selbst bist Buddha. Stell dein Licht nicht unter den Scheffel! Du hast dasselbe Licht, dieselbe Weisheit, dasselbe Bewusstsein wie er.

Wenn du es aufschieben willst, kannst du zur nächsten Geburt weitergehen. Wenn du unbefriedigtes Begehren mit dir herumträgst, musst du aus einem anderen Schoß wiedergeboren werden. Doch wenn du es beenden willst, erfülle deine sämtlichen Begierden auf der Stelle, in einem Augenblick! Wenn kein Verlangen übrig bleibt, wie kannst du wieder geboren werden?

Der einzige Weg aus diesem Teufelskreis ist, alles Verlangen auf einmal zu stillen, in einem Augenblick. Du hast es andersherum probiert: Du erfüllst dir ein Verlangen, ein anderes folgt. Du erfüllst auch das, und ein weiteres kommt hinterher. Frag Könige, frag die, die diese Welt regieren, und du wirst finden, dass sie voller Angst und Begierden sind. Frag einen Geschäftsmann! Auch er begehrt und kennt die Angst: Er will mehr Geld. Der Arbeiter, der Priester, der Soldat – alle haben unerfüllte Wünsche. Dabei lässt sich dein Verlangen auf ganz einfache Weise stillen: mit Feuer. Du brauchst Feuer, um dieses ganze Depot voller Wünsche und Begierden, das du in deinem Erinnerungsgepäck angesammelt hast, zu verbrennen. Auf der Stelle werden sie lichterloh brennen, angezündet von diesem einen Verlangen: Erleuchtung!

Durch Erleuchtung wird alles Verlangen und Begehren zu Asche verbrannt. Du musst in keinem anderen Schoß mehr wiederkommen. Andernfalls musst du per Anhalter von Ort zu Ort reisen, von einem Schoß zum nächsten.

Erleuchtung benötigt keine Zeit. Bewahre nur dieses eine Verlangen im Sinn! Es muss funktionieren, weil sich dieses Verlangen nicht auf irgendein Objekt richtet, es kann nirgends landen. Das Verlangen nach Objekten – zu begehren was du nicht hast – kann einige Zeit in Anspruch nehmen. Dieses Verlangen aber – dein eigenes wahres Selbst zu erkennen – kann dich, um sich zu erfüllen, nicht weit wegbringen.

Denn dieses Verlangen erfüllt sich augenblicklich, weil das begehrte Objekt das Subjekt ist. Es ist das Subjekt, welches sich anschickt, zum Subjekt zurückzukehren. Von innerhalb des Bewusstseins begehrt das Bewusstsein zum Bewusstsein zurückzukehren. Wie viel Zeit benötigst du denn, um wieder nach Hause zu kommen, während du doch schon zu Hause sitzt?

Soweit ich es verstanden habe, sind wir alle erleuchtet und müssen das Konzept, dass wir nicht erleuchtet sind, loslassen. Ist das richtig?

Einen Teil davon hast du verstanden. „Ich bin nicht erleuchtet" ist ein Konzept. „Ich bin erleuchtet" ist auch ein Konzept. Hast du verstanden? Lass beide Konzepte fallen, und was siehst du?

(Der Fragesteller ist für einen Moment ruhig.)

Aha. Dieses Lächeln auf deinem Gesicht ist weder erleuchtet noch gebunden. Lächle weiter und bleib still! Wenn du lächelst, welcher Gedanke ist in deinem Mind? Wer bist du? Wer lächelt? Indem Gebundensein und Freiheit zurückgewiesen werden, ist Lächeln da. So, mach jetzt weiter, ohne dich auf Unfreiheit oder auf Erleuchtung zu beziehen!

Papaji, ich sitze hier nun schon seit einigen Tagen und stelle Fragen, aber jedes Mal, wenn du mich ansiehst, weiß ich nicht, was vor sich geht. Ich verstehe kein Wort von dem, was du sagst. Es ist, als würdest du in einer fremden Sprache sprechen. Sollte ich mich anstrengen, damit ich verstehe?

Du kannst dich ruhig anstrengen, wenn du willst. Wer sollte dich davon abhalten? Selbst der Gedanke, sich anzustrengen, muss von der Quelle kommen. Aber hör mal, bevor du diese Anstrengung unternimmst: Musst du dich anstrengen, um ein Mann zu werden?

Nein, ich bin ja ein Mann.

Genau. Warum also versuchen, ein Pferd zu werden? *(Lachen)*

Ich verstehe aber die Worte nicht, die du sprichst. So wie jetzt eben – während du mich ansiehst, passiert etwas und ich verstehe es nicht.

Du brauchst es nicht zu verstehen. Ich werde so lange reden, bis sich dein Verstehen erfüllt hat. Das Ende deines Verstehens wird das Ende meines Redens sein. Gib also dein Verstehen auf! Dann gebe ich auch mein Reden auf. Verstehen wird nichts nützen, das marschiert auf direktem Weg vom Ohr in die Erinnerung. Verstehen ist vielleicht gut, um etwas zu lernen, aber nicht, wo es um Freiheit geht. Für Freiheit brauchst du kein einziges Wort. Freiheit ist ohne hinderndes Beiwerk.

Du sagst, dass in sechzig Jahren nur eine Handvoll Menschen zu dir gekommen sind, die auch tatsächlich die endgültige Freiheit erlangten. Was bedeutet das für uns?

Ich habe euch nicht von meiner Liste gestrichen. *(Lachen)*

Wenn dies alles ein Traum ist, warum halten es so viele Menschen für die Wirklichkeit?

Niemand stellt die Wirklichkeit der Welt in Frage. Sie sehen Bäume und Berge und sind sich sicher, dass das alles existiert. Erst wenn diese Sicherheit herausgefordert wird, wird dieser Traum angezweifelt. Wach auf und entdecke, dass es ein Traum war!

Wie soll man aufwachen? Durch Satsang. Satsang ist die Sprache der Freiheit. Durch Satsang erkennst du, dass du jeden Traum von einem Körper und all diesen Beziehungen aufgeben kannst. Es sind sehr, sehr wenige, die tatsächlich beschließen, aufzuwachen.

Buddha ist aufgewacht. Er schlief mit seiner wunderschönen jungen Frau, und er ist aufgewacht. Schöne Ehefrau auf der einen Seite, Sohn auf der anderen, Palast, Elefanten – und er wählte etwas anderes.

Ein anderer König wachte ebenfalls auf. Er lag in einer Vollmondnacht mit zwei Königinnen auf dem Dach seines Palastes – eine auf jeder Seite. Er betrachtete gerade die Schönheit des Mondes, als zwei weiße Vögel vorüberflogen. Plötzlich erwachte er und sah. Er sah die ganze Situation. Ein König in seinem Palast, mit einer Königin an jeder Seite. Er besaß das Beste, was die Welt zu bieten hatte. Was für eine glückliche Person. – Er wachte ruhig auf, ging weg aus dem Palast und in den Wald, um in Freiheit zu leben.

Hier und da stößt du auf unterschiedliche Geschichten, die vom Erwachen handeln. Wenn du aufwachst, wirst du wissen, dass das hier nur ein Traumzustand war. Während du träumst, erscheint alles real, und du weißt nicht, dass du träumst. Schließlich zeigt sich die klare Unterscheidung durch die Fragen: „Woher ist Ich gekommen? Wer bin Ich?“ Mit dieser Urteilskraft wirst du erkennen, welcher Art der Traum hier ist.

Was ist Erleuchtung?

Ich benutze dieses Wort nicht.

Verwirklicht?

Nichts. Werde nichts! Sogar Erleuchtung ist, etwas werden zu wollen. Sei, wie du bist! Schmücke dich nicht mit Etiketten!

Trage kein Markenzeichen! Markenzeichen sind für Tiere. Welche Marke kann es denn für das Selbst geben, das KEINEN NAMEN und KEINE FORM hat? Was ist der Ursprung des Wortes Erleuchtung? Es ist ein Wort, nicht wahr? Bevor es ein Wort war, welches war der Ursprung der Wurzel dieses Wortes?

Ein Gedanke.

Ja, und vor dem Gedanken war es Stille. Also zuerst Stille, dann Gedanke, dann Worte. Erleuchtung und Gebundensein sind Worte. Alle Wörter gehören in den Bereich des Mind, und du öffnest dich dem, was jenseits von Mind ist.

Bevor es zum Gedanken wurde, war es woanders, und dieses Woanders ist dein eigenes Selbst.

Selbst ist immer Selbst – lass nicht zu, dass es vermarktet wird! Selbst ist Selbst, und es braucht weder deine Anstrengung, deine Methode noch deine Hilfe, um sich selbst zu verwirklichen. Es ist immer und ewig realisiert. Im Gegenteil, du verschleierst es mit einer Camouflage. Diese Tarnung muss entfernt werden.

Was ist die Tarnung? Tarnung ist der Gedanke „Ich bin so und so". Das muss entfernt werden und wenn es weg ist, dann erstrahlt das Selbst in seinem eigenen Glanz. Es scheint auf Sich Selbst durch Sein eigenes Leuchten. Um die Tarnung zu entfernen, bedarfst du keiner Praxis. Sei nur einen Augenblick lang einfach still, und alles ist vorbei. Und du bist zu Hause.

Die Worte in deiner Gegenwart zu hören, bewirkt etwas. Etwas geschieht.

Ja, es geschieht. Aufgrund von Stille, von Ruhe und Frieden. Absolute Stille. Wenn der Mind ohne Regung ist, nennt man das Gegenwärtigkeit, und dieses Gegenwärtigsein ist sehr ansteckend. Jeder, der in dessen Umkreis gelangt, ist davon betroffen. Regloser Mind ist höchst wichtig, nicht Gedanken oder Worte. Du brauchst keine Worte, um zu lehren. Sei einfach still!

Diese Lehren brauchen keine Worte. NUR STILLEN, REGLOSEN MIND. Und weil niemand still ist, können die Lehren nichts bewirken. Es gibt Millionen von Büchern, aber sie bewirken nichts, weil der Mind hinter dem Geschriebenen nicht ruhig ist. Einige Sutras sind deshalb so wirkungsvoll, weil sie von einem reglosen und stillen Mind geschrieben wurden.

Bevor das Wort zum Wort wird, steigt es aus der Stille auf. Also sprich in Stille, höre in Stille! Für die Freiheit brauchst du keine Worte. Freiheit wird in Stille übertragen.

Voraussetzungen für Satsang

Bevor jemand um der Freiheit willen zu einem Lehrer geht, sind bestimmte Voraussetzungen erforderlich.

Die erste Voraussetzung betrifft die Urteilskraft, das heißt die Fähigkeit, das Wirkliche und das Unwirkliche auseinander halten zu können. Diese Unterscheidung ist wesentlich. Das, was wirklich ist, musst du begehren und das, was unreal ist, zurückweisen. Das, was real ist, kann nur Wahrheit sein. Dein eigenes Selbst. Nichts existiert darüber hinaus. Alles andere ist Lüge.

Als zweite Voraussetzung ist es erforderlich, dass du dich von deinem Verlangen nach Sinnesgenüssen lossagst.

Die dritte Voraussetzung erfordert, sich allen physischen und mentalen Karmas zu entledigen.

Die vierte Voraussetzung ist uneingeschränktes intensives Verlangen nach Freiheit.

Wenn du auf die Wenigen schaust, die erwacht sind, dann siehst du, dass sie alle diese Forderungen erfüllt haben.

Wenn du bereit bist, diese Qualifikationen zu erfüllen, bist du auch bereit, mit einem Lehrer zu sitzen. Ein perfekter Lehrer ist einer, der sich selbst erkannt hat. Nur mit einem perfekten Lehrer lohnt es sich zu sein.

So wie der Geldwechsler sein Gold prüft, hast du jedes Recht, deinen Lehrer zu prüfen. Lass dich nicht in die Irre führen! Wenn du in den Supermarkt gehst, wählst du auch aus, was du einkaufst. Warum in der Wahl deines Lehrers nicht noch sorgfältiger sein?

Wir befinden uns im Zeitalter von Kali Yuga (dem dunklen Zeitalter). Überall kann Unwahrheit sein. Die meisten Lehrer sind keine echten Lehrer, so wie die meisten Sucher keine echten Sucher sind.

Viele sagen: „Ich will Freiheit", doch bevor jemand Satsang empfängt, müssen die Voraussetzungen erfüllt sein.

Da ihr hier seid, gehe ich davon aus, dass ihr Urteilskraft besitzt. Was die zweite Voraussetzung betrifft, frage ich euch nicht einmal nach dem Fallenlassen von Begierden. Einige Leute sind dafür, dass alle möglichen Sinnesgenüsse ausgelebt werden, und ich glaube nicht, dass sie damit Erfolg haben. Könnt ihr mir einen Menschen nennen, der in Sinnesgenüsse verwikkelt erleuchtet wurde?

Was nun Karma angeht, will ich euch eine Geschichte erzählen, so dass ihr über Karma und die Tatsache, in der Welt zu leben, nicht verwirrt seid.

Es lebte einst eine junge Prinzessin, sie war noch ein Mädchen, die unbedingt frei sein wollte. Sie entschloss sich, einen Heiligen aufzusuchen, der in einer Strohhütte am Rande der Stadt lebte. Niemand wusste, was sie tat. In der Nacht, wenn alle schliefen, stand sie auf und ging heimlich hinaus, um eine Stunde mit dem heiligen Mann zu verbringen.

Einer der Freunde ihres Bruders sagte zu diesem: „Ich sehe deine Schwester draußen in der Nacht. Wo geht sie hin?"

Der Bruder sagte. „Sie geht nirgendwo hin. Sie schläft hier."

Doch ihr Bruder blieb nachts auf, um aufzupassen, ob es wahr sei. Um Mitternacht sah er seine Schwester heimlich aus dem Haus und stadtauswärts gehen. Er nahm eine Pistole und folgte ihr, denn wenn sie sich mit jemandem treffen sollte, dann wollte er sie beide mit einem einzigen Schuss töten.

Als das Mädchen in die Hütte eintrat, drehte der Heilige das Licht auf und sagte: „Komm, setz dich vor mich hin! Heute ist der letzte Tag. Heute werde ich dir Freiheit übertragen."

Inzwischen sah der Bruder draußen, wie seine Schwester in der Hütte mit einem fremden Mann zusammensaß. Entsprechend seiner Absicht setzte er zum Zielen an. Der Bruder war kein Sucher. Er kam aus einem anderen Grund als seine Schwester. Er zielte, um beide zugleich mit einem Schuss zu treffen. Der Guru äußerte ein geheimes Wort, ein Wort, das in strengster Verschwiegenheit vom Lehrer an den Schüler weitergegeben wird. Sobald das Geheimnis die Nerven des Schülers durchdringt, ist alles vorbei. Der Guru äußerte das Wort, und draußen fing jemand zu tanzen an! Der Heilige machte dem Mädchen Vorwürfe, weil es jemanden mitgebracht hatte. Sie beteuerte ihre Unschuld und schwor, sie hätte niemanden gebracht.

„Dann geh und sieh nach, wer da draußen in Ekstase tanzt!" Sie ging hinaus und fand ihren Bruder. Sie umarmten einander und er fiel ihr zu Füßen, um ihr zu danken.

Nur weil er sich in guter Gesellschaft befand und das Wort vernahm, geschah das Wunder. Dieser Mann hatte sich der Tradition nach nicht qualifiziert. Während er zielte, hatte er nichts anderes im Sinn, als beide zu erschießen. Er zielte haarscharf auf Erleuchtung – und das Ergebnis war Ekstase und Dankbarkeit.

Deine Beziehungen müssen äußere Reinheit widerspiegeln. Das ist absolut wesentlich. Äußere Reinheit geht mit innerer Reinheit einher. Innere Reinheit ist das intensive Verlangen nach Freiheit.

Achtung und Respekt sind unerlässlich. Wenn du einen Diamanten besitzt, bewahrst du ihn nicht in einer Plastiktüte auf. Die Hülle muss dem kostbaren Inhalt angemessen sein. Das versteht man unter Achtung und Respekt. Du musst allen Wesen gegenüber demütig sein. Bist du das nicht, bist du arrogant.

Jeder ist anfangs arrogant. Niemand ist demütig. Es ist nicht eure Schuld. Das Ego ist Anmaßung, und diese Schlange hat schon alle Wesen dieser Welt gebissen. Alle sind anmaßend, selbst die Götter.

Wenn du merkst oder fühlst, dass du arrogant bist, ist Satsang genau der Ort, um das loszuwerden. Es ist sehr einfach.

Die Grundlage der Arroganz ist das Denken: „Ich bin der Körper." „Das ist meins, und dieses will ich haben." „Ich gehöre zu dem." „Das gehört zu mir." Alle solche Gedanken zeugen von Arroganz.

Die meisten Menschen sind in diese Art Arroganz verstrickt. Deshalb kann auch Satsang nichts für sie bewirken. Wenn du arrogant bist, verbirgst du deine eigene Selbst-Natur von Schönheit, Freiheit und Glückseligkeit. Wenn du arrogant bist, kannst du keinen Frieden finden.

Wenn du wahrhaftig bereit bist, deine Arroganz fallen zu lassen, dann komm zum Satsang, geh in tiefer Demut auf den Lehrer zu und frage: „Meister, wie lässt sich diese Arroganz entfernen?"

Allein schon „Ich bin arrogant" zu sagen, zeugt von Demut.

Wer aber fragt sich überhaupt so etwas wie: „Bin ich arrogant?" Habt ihr schon jemanden „Ich bin arrogant" sagen hören? Jeder sagt doch: „*Du* bist arrogant."

Wenn du arrogant bist, hast du Frieden und Glückseligkeit versteckt. Wenn du Frieden und Glückseligkeit realisierst, versteckt sich Arroganz. Verliebe dich also in den Frieden!

Finde heraus, wer du wirklich bist, und Arroganz wird von dir weggenommen sein! Du wirst auf deine göttliche Natur selbst treffen, hier und jetzt. Rühr keinen Gedanken an! Unternimm keine Anstrengung, dann gibt es keine Anmaßung! Sobald du einen Gedanken aufnimmst wie „Das habe ich getan, und dies gehört zu mir, und morgen habe ich ...", sind alle diese Gedanken Anmaßung.

Du kannst gar nichts tun. Nichts liegt in deiner Hand. Erforsche unablässig: „Wer bin Ich?" Hier halte deinen Mind fest!

Was du denkst, so bist du jetzt. So wie dein Gedanke ist, so ist dein Wesen. Wenn dein Gedanke leer ist, gibt es keinen Grund für eine weitere Geburt.

Niemals endender, immer währender Satsang findet bereits statt, seit Urzeiten schon, schon vor diesem Kosmos, und er wird die Zerstörung der Welt überdauern. In Satsang offenbart sich Schönheit.

Aber für den Arroganten wird sich nicht einmal ein Blick erhaschen lassen. Jemand, der anmaßend ist, kann es nicht sehen; weil diese Liebe, diese Schönheit so makellos, so keusch, so jungfräulich ist, dass schon der Gedanke, es zu sehen, daran hindert, es zu erkennen.

Du musst also genauso keusch hingehen wie Es ist. Genau so nackt, so unbefleckt, so jungfräulich; genauso wie Es ist. Dann zeigst du dich. Einssein, Schönheit und Liebe begegnen Einssein, Schönheit und Liebe.

Da ist auch niemand, der zu sehen wäre, niemand zu fühlen, niemand anzusprechen. Das ist Satsang. Nicht einmal Einheit, ganz zu schweigen von Zweiheit. Nicht einmal Einheit. Dann kommt es zum Satsang.

Wenn du ein kluger Kopf bist, genügt ein Wort in Satsang durchaus. Satsang eignet sich nicht für abgestumpfte und bösartige Menschen. Satsang ist für einen sehr scharfsinnigen, sehr aufrichtigen, sehr reinen, sehr heiligen Menschen.

Die Wahrheit erhöht einen heiligen Menschen. Dies ist Wahrheit. Kein Kompromiss. Es ist Wahrheit, die sich mit dir treffen will. Es ist Wahrheit, die dich umarmen wird. Du musst so schön werden, dass dich die Wahrheit küsst.

Ein einziger Makel, und du bist dieser Umarmung und dieses Kusses nicht würdig. Es ist makellos. Wahrheit wird zu deinem Liebhaber. Verbirg dich nicht! Verstecke nichts!

Wenn du dich woanders bindest und beschäftigt bist, wie soll dich dein Geliebter finden? Wenn du dich in einem Rotlichtbezirk aufhältst, kannst du diese makellose Beziehung mit deinem eigenen Selbst nicht haben.

An vielen Orten dieser Welt werden sie dich steinigen, wenn du erklärst, dass du frei bist. Den Sufi Mansur haben sie zu Tode gesteinigt, weil er erklärte: „Ich bin frei."

Du hast Glück, deinem Land anzugehören. Du musst viele Verdienste erworben haben, um in einem freien Land geboren zu sein, wo du tun und lassen kannst, was du willst. Du kannst leben, wie es dir beliebt. Du kannst aus der Kirche austreten und niemand wird dich nach deinen Gründen fragen. Es gibt Länder, in denen du die Kirche nicht verlassen kannst. Es gibt ganze Länder, wo es niemand wagen würde, zu erklären: „Ich will frei sein."

Du hast Glück mit deinem Erbe, Glück mit deinen Eltern, Glück mit deinem Land, Glück mit deiner Herkunft, und du selbst hast Glück. Du hast dieses Verlangen nach Freiheit. Was für Verdienste brauchst du noch? Schau nur für einen Moment nach innen und sieh, was da ist.

Die Beziehung zum Lehrer

Der Tradition nach geht der Schüler zum Lehrer in den Wald und sagt: „Bitte, Meister, rette mich! Ich leide. Sage mir, wer bin ich?"

Mit aller Liebe spricht der Lehrer: „Mein lieber Sohn, komm, setz dich her, und ich werde es dir sagen."

Dann beginnt die Erforschung des eigenen Seins. Der Schüler fragt: „Wer bin Ich?" Und der Lehrer sagt dir die Wahrheit: „Du bist DAS."

Er spricht die Wahrheit, und der Schüler begreift: „Ich bin DAS."

Und es ist beendet.

Was ist ein Lehrer?

Ein Lehrer ist ein Floß, das dich zur anderen Seite des Ozeans hinüberträgt. Ein wahrer Lehrer trägt dich über den Ozean von Samsara.

Die Alligatoren und die Krokodile, die in diesem Ozean nach dir schnappen, sind deine Wünsche und Begierden. Gibt es ein Begehren, das dich nicht verschlingen wird? Irgendwann, eines Tages, wird dich der Alligator des Verlangens verschlingen. Die ganze Welt wird von diesen Alligatoren des Anhaftens und Begehrens verschlungen.

Befreie deinen Mind von allem Anhaften, und du bist Gott selbst. Frei von Verlangen bist du absolut. Darüber gibt es keinen Zweifel. Entledige dich nur für eine Sekunde allen Verlangens und sieh, wie du dich fühlst!

In diesem Augenblick verliebst du dich in dein eigenes Selbst. Frieden kannst du nicht in Objekten finden. Halte an! Hör auf, einem Objekt hinterherzurennen und sieh! Die ganze Welt rennt auf der Suche nach Frieden Objekten hinterher. Doch in Objekten kann man es nicht finden. Halte dein Rennen an und sieh!

Wie ist es möglich, dass du jedem, der zur Tür hereinkommt, diesen seltensten aller kostbaren Edelsteine gibst?

Vor dreißig Jahren hat mich meine Mutter dasselbe gefragt. Sie sagte: „Sieh mal, du wirfst Perlen vor die Säue. Wer empfindet denn Wertschätzung für das, was du gibst?"

Sie sagte: „Du musst einen Menschen zunächst einmal einschätzen. Schau dir all die Swamis an. Die Leute verbringen ihr ganzes Leben damit, ihnen in ihrem Ashram zu dienen, und der Swami gibt nichts, weil er nichts hat. Kaum dass diese Leute zu dir kommen, schon verschenkst du Perlen. Wer erkennt schon den Wert davon?"

„Sei achtsam!", sagte sie: „Pass auf. Schau, welche Qualitäten jemand hat, und dann gib ihm, was er braucht! Auf diese Weise ist es nicht nötig, dass der Diamant den Hals des Esels ziert. Du musst abwägen! Nur dann wirst du es wissen."

Aber was soll ich machen? Ich glaube, eine menschliche Geburt ist schon genug. Es gibt nur sechs Milliarden Menschen. Zählt doch nur einmal die Moskitos oder die Fische, die Würmer oder die Bazillen! Als Mensch geboren zu sein ist schon selten und Glück genug, um den wirklichen Edelstein zu erkennen.

Manchmal bin ich bewusst...

Manchmal? Was meinst du mit „manchmal"? Das ist schlechte Grammatik. Wo hast du das gelernt? In welche Schule bist du gegangen, wo du derartiges gelernt hast? Wer waren deine Lehrer? Das hier ist eine andere Klasse. Das hier ist eine Klasse, in der es keinen Lehrer gibt; ein Lehrer, der keine Zunge hat und Schüler, die keinen Kopf auf ihren Schultern haben. *DAS* ist diese Klasse.

Wenn du einen Kopf hast, musst du woanders hingehen. Vielleicht gehst du in eine Schlachterei, wo man Köpfe abschlägt.

Das Ego ist ein Kopf, siehst du. Ego ist Geburt auf dem Weg zur Schlachtbank. Die Schlächter werden sich sehr gut um dich kümmern. Ich will keine Köpfe. Ich will Herzen.

Es gibt so viele Institutionen, wo man lediglich einen Kopf benötigt. Ich brauche keinen Kopf, der zu mir kommt. Nimm draußen deinen Kopf ab und sprich dann! Dein Herz wird sprechen. Du wirst die Sprache der Liebe sprechen. Erlaube deinem Herzen zu sprechen! Misch dich nicht ein! Lass es sprechen!

Du sprichst mit dem Kopf. Nimm ihn ab! Ab mit dem Kopf!

Mir fällt eine wunderschöne Geschichte von Sankt Kabir ein. Er hatte eine sieben Jahre alte Tochter. Eines Tages fragte sie: „Papa, jeden Tag kommen fünf- oder sechshundert Leute zu dir zum Satsang. Warum kommen sie? Mit welcher Absicht?"

Kabir antwortete: „Sie kommen wegen Satsang. Wegen der Suche nach Wahrheit. Um Freiheit zu erlangen. Um Weisheit zu erlangen. Emanzipation."

Das junge Mädchen meinte: „Ich glaube nicht, dass das so ist, mein lieber Papa. Ich glaube nicht, dass sie wegen der Erleuchtung kommen."

Kabir blieb still.

Am nächsten Tag stand das kleine Mädchen vor der Tür. Als die Leute einer nach dem anderen hereinkamen, sagte sie zu jedem: „Heute hat mein Vater beschlossen, zuerst ein Interview mit dir zu machen. Nach dem Interview wird er dich hereinholen."

Sie fuhr fort: „Deshalb bin ich hier. In meiner Hand habe ich ein sehr scharfes Beil. Leg deinen Kopf auf diesen Holzblock hier, und ich schlage ihn dir ab! Ich bringe ihn zu meinem Vater. Nach dem Interview, sofern er zustimmt, wirst du dann hineingerufen."

Jeder in der Satsangschlange war mucksmäuschenstill.

Schließlich sagte der erste Mann: „Ach nein. Nein, nein, wir sind doch nur hier, um die Verlobung unserer Tochter festzulegen. Wir hatten noch etwas Zeit, und so wollten wir den Guru nur um seinen Segen bitten. Also, wir lassen ihn grüßen und sind schon weg."

Eine andere Gruppe kam heran. Die hatten nur eine Gerichtssache, für die sie den Rat des Gurus brauchten. Jemand anderer wollte eine Empfehlung, wie mit dem Ehepartner umzugehen sei. Andere wollten nur wissen, was der Guru darüber dachte, wie sie ihre persönlichen oder Geschäftsbeziehungen lösen sollten.

So war unter dem einen oder anderen Vorwand niemand bereit, sich niederzulegen und seinen Kopf dem Lehrer zu übergeben.

Die Zeit verstrich und immer noch saß Sankt Kabir und wartete, doch niemand kam. Schließlich ging er hinaus und fragte seine Tochter, warum denn niemand zum Satsang hineinkäme.

Sie antwortete: „Ich sagte ihnen, dass mein Vater sie zuerst interviewen wollte. Ich sagte ihnen, ich würde ihnen die Köpfe abschlagen und diese für das Interview hineinbringen. Niemand wollte herein. Niemand traute sich.

Niemand hat seinen Kopf hingehalten. Niemand hat sich niedergelegt. Niemand hat mir erlaubt, ihm den Kopf abzuschlagen. Was nützt dann dein Satsang, Papa?"

Jeder Körper muss sterben. Vom ersten Tag, nach der Geburt des Körpers, folgt ihm der Tod gleich hinterher. Wenn sie sich niedergelegt hätten, um geköpft zu werden, hätten sie die Wahrheit darüber erkannt, *wer* stirbt. Dann wüssten sie, was Leben ist. Niemand erklärte sich einverstanden mit dem Leben.

Dieses kleine sieben Jahre alte Mädchen wusste, wie man Satsang beiwohnt.

Diese *Ich's* und *Du's* und *Mir's* und *Er's* und *Sie's* werden zum Satsang nicht zugelassen. Du bist kurz davor, von Angesicht zu Angesicht der Wahrheit zu begegnen. Das ist die Bedeutung von Satsang. Du bist der Wahrheit, der Freiheit, deinem eigenen Selbst zugewandt.

Wer kann dich umbringen? Du fürchtest dich vor deinem eigenen Selbst und bist abhängig von anderen Selbst-en. Du machst dich abhängig von Dingen, die nicht von Dauer sind. *Ich* und *Du* werden dein Leben nicht retten. Millionen Male schon bist du geboren worden, und Millionen Male schon warst du tot.

Den Geschmack des Todes kennst du gut. Jetzt beginne wenigstens zu wissen, wie man lebt. Dein Leben kannst du nicht retten. Der Körper wird geboren, um zu sterben. Du stirbst gern. Millionen Male schon hast du den Tod erfahren, also magst du ihn, du hast ihn gern. Du lebst nicht gern.

Es ist so einfach, zu leben. So einfach, glücklich zu sein, immer in Glückseligkeit. Und du willst nur den Tod, so ist das. Aus diesem Liebesgarten voller Schönheit und Gnade machst du ein Schlachthaus.

Nimm dir etwas Zeit; nur einen Moment, um zu sehen, wer du bist! Nimm dir Zeit für dein Selbst! Du nimmst dir nie Zeit für dein eigenes Selbst. Du hast für Millionen von Jahren deinen Kopf benutzt. Jetzt zumindest widme deinem wahren Herzen Zeit!

Sei still! Sei einfach still und du wirst wissen, was geschieht. Jetzt, in diesem Moment bleib still! Leg dein Werkzeug nieder! Dein eigenes Selbst wird kommen und dich küssen und umarmen.

Lass es zu! Schenke jetzt gerade diesen Moment deinem eigenen Selbst!

Höre diese Lehren nicht mit deinen Ohren! Sonst wird es direkt zum Lagerhaus des Friedhofs gehen. Ist Erinnerung nicht ein Friedhof? Was denn sonst ist die Erinnerung? Sind nicht die toten Spinnennetze in der Erinnerung verstaut?

Was frisch ist, lässt sich in der Erinnerung nicht finden. In der Erinnerung riechst du nichts als Abfall. Sämtliche Leichen sind dorthin geraten. Deshalb vergiss das! Tu nichts und denke nichts! Das ist alles.

Das ist die einzige Lehre. Du sollst sie nicht hören. Höre überhaupt nichts! Hör nicht zu und sieh nichts; rieche, berühre und schmecke nichts und dann sieh, was ist übrig geblieben?

Öffne dein Herz! Das ist alles.

Überall in Indien gehen die Leute auf Pilgerfahrten. Einmal befreundete sich ein Mann aus dem Norden mit einem Pilger aus dem Süden, und auf ihren Reisen waren sie jeweils zu Gast in des anderen Haus.

Der Freund aus dem Süden sagte: „Ich bin ein wohlhabender Mann, wir leben gut. Ich habe zwei Söhne, die zur Schule gehen, und wenn sie wüssten, wie viel Geld wir haben, würden sie die Schule nicht beenden. Ich habe einen Schatz, den ich aus diesem Grund unter dem Mühlstein versteckt halte, mit dem meine Frau mahlt. Wenn meine Söhne mit der Schule fertig sind, teile ich den Schatz zwischen meiner Ehefrau und ihnen auf."

Sieben Jahre gingen ins Land, und wieder kam der Mann aus dem Norden, um seinen Freund zu besuchen. Er war sehr überrascht, als er sah, wie heruntergekommen das Haus war. Dann bemerkte er, wie unglücklich die Frau seine Freundes aussah. Sie mahlte den Weizen der Nachbarn.

Der Freund fragte: „Was ist denn hier geschehen?"

Die Frau berichtete: „Vor sechs Jahren ging mein Mann in den Wald und wurde von einer Schlange gebissen. Er ist daran gestorben. Seitdem ist unser Leben sehr schwer.

Die Jungen werden gerade mit der Schule fertig. Sie machen ihre Abschlussprüfung. Sobald sie aus der Schule sind, finden sie vielleicht Arbeit, um mir zu helfen.

Nach dem Tode meines Mannes wasche ich die Wäsche meiner Nachbarn. Ich putze in ihren Häusern, ich mahle ihr Mehl. Und dennoch haben wir nicht genug zum Essen."

„Hat dir dein Ehemann denn gar nichts gesagt, bevor er starb?"

„Nein," sagte sie, „er starb ganz plötzlich. Wir konnten nicht mehr miteinander reden."

Der Freund war freudig erregt, weil er ihr mitteilen konnte: „Unter deiner Kornmühle ist ein Schatz von Goldmünzen, die er dort für euch versteckt hat."

Sie musste diese Information, die aus einer verlässlichen Quelle kam, lediglich *hören* und hörte sofort damit auf, das Korn zu mahlen. Sie ließ ab von dem, was sie tat, und war auf der Stelle froh und glücklich.

Den Schatz hatten sie noch nicht einmal ausgegraben. Nur das Hören dieser Mitteilung von jemandem mit verlässlicher Autorität bewirkte, dass sie überzeugt war. Sie wurde sehr glücklich.

Jetzt fordere ich dich auf, das Leiden zu entfernen. Grab fünfzehn Zentimeter tiefer als das Leiden – und der Schatz liegt schon für dich bereit. Jene Familie hat gelitten und musste Korn mahlen, einfach weil sie nicht die richtige Information besaßen.

Diese Auskunft stammt von jemandem, der dir sehr nahe ist. Er sagt: „Da ist ein Schatz, ein Schatz ist in dir."

Geh nach innen und du wirst ihn finden – und eigentlich ist es gar kein Finden. Er ist schon immer da gewesen. Er war nur von Unwissenheit überdeckt. Jetzt kann er entdeckt werden, lediglich aufgrund der Information von jemandem, der weiß. Der fordert dich auf, das Leiden zu entfernen und darunter zu schauen, tiefer als das. Dort ist der Schatz. Unverzüglich entdeckt ein jeder den Reichtum.

Der Schatz ist da, aber die wahre Information fehlt. Du weißt es einfach nicht. Also gehst du zu deinen Nachbarn und wäschst deren Wäsche. Und bei dieser Wäsche handelt es sich nur um Erinnerung. Wenn du weißt, dass der Schatz auf dich wartet, hörst du sofort auf, fremde Wäsche zu waschen. Andernfalls ist alles, was du tust, nur Wäsche waschen.

Über die Jahrtausende hinweg ist es dasselbe. Hier und da findest du einige sehr wenige wahrhaftige und wahre Lehrer. Lehrer, von denen die Menschen profitieren. Was hier geschieht, geschieht in dieser Tradition, in dieser Linie. So ist es schon immer gewesen.

Wo Massen, wo eine große Menge ist, da kannst du sicher sein, dass auch ein Teil davon Betrug ist, Scharlatanerie. Wo sich eine Ansammlung bildet, ein Verkehrsstau, wird es wohl auch einen Unfall geben. Einige wenige Menschen – zwei, drei oder vier – das ist ganz in Ordnung und reicht völlig aus.

Wenn es auf der Straße ein Fest sowie Feiern und Tanzen gäbe, wie viele von euch würden hier im Satsang bleiben? Seid ehrlich! Musik und Tanzen – für die Sinne so verführerisch – und schon bist du weg. Die Sinne gehen nach außen. Berühren,

Schmecken, Sehen, Hören. Draußen eine große Attraktion, und du bist weg. Wer würde hier in Satsang bleiben? Ganz zu schweigen davon, wer zu seinem eigenen Atman ginge, seinem eigenen Selbst.

Wenn ich in deiner Gegenwart bin, löst sich alles auf.

Gegenwart ist immer hier. Sein mit Sein, das ist genug. Vorher warst du daran interessiert, zu werden. Sein ist Gegenwärtigkeit, und das zu erkennen ist Weisheit und Freiheit.

Etwas passiert in deiner Gegenwart. Würdest du es Gnade nennen?

Gnade und Gegenwart sind dasselbe.

Muss man einen Guru haben?

Dein Selbst ist dein Guru. Du hast ihn nur nicht in dir gesehen. Du verstehst die Sprache dieses Gurus nicht, der in dir ist. Wenn du sehr ernsthaft bist, wenn du das Sehnen in dir spürst, ein brennendes Verlangen, ihm zu begegnen, dann wird Er dich mit jemandem bekannt machen, der mit deiner eigenen Zunge zu dir spricht.

Das innere Selbst nimmt die Form des äußeren Gurus an, um mit deiner eigenen stammelnden Sprache zu dir zu sprechen. Er sagt: „Ich bin in dir."

Wenn du diesen äußeren Guru als dein Selbst erkannt hast, dann verstehst du.

Trennung ist Ego und muss hingegeben werden. Innerhalb dieser Trennung ist das Ego das Subjekt und Gott ist das Objekt.

Eine Welle bildet sich ein, vom Ozean getrennt und unabhängig zu sein. Sie hat einen anderen Namen, eine andere Form, eine andere Bewegung und sieht nicht den Ozean, aus dem sie geboren wurde. Das ist Ego.

Dann sagt dir jemand: „Du gehörst zum Ozean. Du bist immer der Ozean.“ Der Ozean *ist* das Subjekt.

Es ist aber mehr, als es einfach gesagt zu bekommen. Meine Erfahrung ist nicht, dass du es mir sagst, sondern vielmehr, dass das dein Wesen ist, und das ist es, was sich überträgt, so dass ich es direkt erfahre. Dann weiß ich, dass wir nicht getrennt sind.

Das ist Gnade. Das ist Gegenwart. Das ist Göttlichkeit, die spricht. Alles, was du sehen wirst, ist dasselbe. Die Augen werden so vergöttlicht, dass sie nichts als Göttliches erblicken.

Während du sprichst, schaue ich in deine Augen und erfahre unmittelbar, während die Worte kommen, dass ich zu meinem eigenen Selbst spreche.

Ja. Dasselbe Selbst. Das Absolute erhöht einen heiligen Menschen. Wenn du denselben Menschen siehst, dein eigenes Selbst: Das ist Heiligkeit. Derselbe spricht und derselbe hört. Wenn du dich dem Göttlichen hingibst, ist es das Göttliche, das durch deine Augen sieht. Das Göttliche sieht.

Wer ist mit Gnade begnadet?

Jeder.

Jeder hat es?

Ja, ein jeder hat es.

Warum hören es so wenige?

Diese Wenigen wissen, dass sie es haben. Andere wissen es nicht.

Warum sind diese erwählt?

Die Gnade in dir erwählt dich, von innen. Das Selbst, inmitten seiner selbst, der Ursprung dieser Gnade, ist dir so wohl gesonnen. Es muss in deiner eigenen Sprache zu dir sprechen. Es führt dich zu jemandem, der dich von dieser Tatsache in Kenntnis setzt. Er wird mit deiner eigenen Sprache zu dir sprechen und dir lediglich sagen, dass du bereits frei bist. Jeder, der dir sagt, du müsstest oder solltest dieses oder jenes tun, den sollte man nicht Lehrer nennen. Solche kann man Schlachter nennen.

Schlachter?

Ja, was denn sonst? Denn ein Lehrer entlässt dich aus aller Aktivität, erlöst dich von allen Konzepten und Lasten.

Seit fünfunddreißig Millionen Jahren hast du gemacht und getan. Wenn du schließlich an einen wahren Lehrer gerätst, wird der nicht von dir verlangen, dass du etwas tust. Er wird dir sagen: „Mein lieber Sohn, komm einfach und sitz still! Sei still! Das ist alles. Tu nichts!"

Der innere Guru ist dein eigenes Selbst in dir. Du kennst ihn nur nicht, erkennst ihn nicht. Du verstehst seine Sprache der Stille nicht, und deshalb wird er dich jemandem vorstellen, der etwas sagt und dich bittet, still zu sein. Das ist Gnade. Dies ist deine eigene Gnade. Es kommt aus deinem Innern. Wer sonst könnte dir das hier geben?

Es ist aber nicht meins. Ich besitze es nicht.

Nein, es ist nicht deins. Wenn du sagst, es ist nicht deins, kommt es nicht vom Körper. Es ist weder innen noch außen.

Nachdem ich hier bin, fühle ich, dass du in meinem Herzen bist. Ich erkenne dich als meinen Lehrer, als meinen Mei-

ster. Ich möchte dich demütig bitten, mich als Schüler anzunehmen.

An wen richtet sich diese Frage?

An den, der vor mir sitzt und in mir ist.

Geh zum Herzen, jetzt! Vergeude keine Zeit! Das Herz ist ganz nah. Wie weit ist dein Herz von dir?

Keine Entfernung.

Also geh unverzüglich dorthin, und welche Antwort erhältst du? Bedenke, dass dort keine Dualität existiert.

(Stille)

Das ist die Antwort. Dualität existiert nicht, wenn du in dein Herz zurückkehrst, und dieses Herz ist ein anderer Name für Wahrheit, Freiheit, Wirklichkeit. Schau nach innen und nähere dich deinem Herzen in aller Ergebenheit und mit Verehrung!

Da ist nur Raum und Ruhe.

Das ist der Lehrer, und das sind die Lehren. Bleib als dein Herz, das ist alles. *(lacht)* Bleib als dein Herz!

Die Natur des „Ich“

Es mag tausend Spiegel geben, von denen jeder einzelne eine andere Reflexion der Sonne widerspiegelt; tausend Sonnen gibt es nicht. Es gibt eine Sonne, die in allen scheint. Reflexionen sind vielleicht unterschiedlich. Die Sonne ist dieselbe. Die Sonne ist eins und scheint in allem, in jedem Atom. Dieselbe.

Bewusstsein ist dasselbe. Es sieht vielleicht aus wie ein Vogel oder ein Tier oder ein Baum oder ein Stein oder ein Mensch. Wenn du Das realisierst, wirst du nicht leiden. Du wirst dich freuen. Wenn du vollständig bist, brauchst du nichts. Dies ist absolut, vollständig, vollkommen, perfekt. Alles Leerheit. Alles Bewusstsein.

Lass die Vorstellung „Ich“ nicht aufsteigen, und du wirst unverzüglich sehen, wer du bist! Du wirst sehr gut leben.

Was ist jetzt deine Erfahrung?

Leerheit.

Und was erhebt sich aus der Leerheit und fällt dorthin zurück?

Leerheit!

Ja. Sehr gut. Wenn du also das Wort *Ich* benutzt, bezieh dich auf vollständige Leerheit! Dann gibt es keine Identifikation mit Aufsteigen oder Fallen. Du wirst sehr wohl wissen: „Es ist in mir.

Der gesamte Kosmos erhebt sich und senkt sich in mir." Wo ist Trauer oder Leiden, wenn sich der gesamte Kosmos in dir hebt und senkt?

Jemand fragt: „Wer bist du?"

Wenn deine Antwort lautet: „Ich bin Nicholson, ich bin Thompson, ich bin Wolfgang" und so weiter, dann weißt du die Antwort auf diese Frage nicht wirklich.

Frag dich einfach nur: „Wer bin Ich?"

In der Regel wirst du, wenn du dich identifizierst, bei der Antwort auf den Körper weisen. Wie wurdest du zu dem, was kommt und geht, was sich verändert?

Die Kindheit kam, und jetzt ist sie vorbei. Veränderung. Du sagst: „Als ich ein Kind war ... spielte ich ... ich ging zur Schule."

Dann kam die Jugend. Keine Kindheit mehr. Dieselbe Person wurde zu einem jungen Mann. Du sagst: „Ich war ein Jugendlicher, mit neuen Aufgaben ..."

Jetzt ist auch die Jugend vorbei. Dann kommt das Alter. Du hast die Erfahrung von Kindheit und Jugend gemacht, das Alter jedoch lässt es nicht zu, dass du als eine Erfahrung darauf zurückblicken kannst. Du kannst nicht sagen: „Als ich alt war." Das Alter wird dich hinwegraffen.

Was verändert sich? Der Körper verändert sich. Kindheit zur Jugend. Jugend zum Alter. Alter zu Krankheit und Krankheit zu Tod. Und das beendet dann diese Runde.

Du jedoch, du bleibst derselbe. „Als Ich ein Kind war ..." „Als Ich ein junger Mann war ..." Wenn Ich ein alter Mann bin ..." Das *Ich* bleibt dasselbe. Und *Ich* ist in allen dasselbe! Jeder sagt *Ich*.

Die Körper sind anders. Das *Ich* ist dasselbe. In allen Wesen existiert eine absolute Wirklichkeit, die sich nicht verändert.

Identifiziere dich also mit dem, was sich nicht verändert. Nicht mit dem, was geboren wird und stirbt. Wie hast du dich, der du unveränderlich bist, mit dem identifiziert, was sich verändert? Identifiziere dich nicht mit dem Körper, der sich verändert, sondern mit *Ich!*

In all diesen Jahren, Generation um Generation, hast du dieses *Ich* mit dem Körper, mit dem Mind, mit dem Ego, mit den Sinnen und mit Manifestation verwechselt und identifiziert. Man hat dir nicht gesagt: „*Wer* ist dieses *Ich*?"

Es ist so einfach. Was sich nicht verändert, ist unsterbliche Wahrheit, ist immer währendes Glücklichsein, ist Glückseligkeit, ist Bewusstsein und die Existenz an sich, die sich nicht verändert. Wie ist es also möglich, dass du dich nicht als immer währendes Glücklichsein identifizierst, sondern stattdessen mit dem, was sich verändert, leidet und stirbt – wieder und wieder und wieder?

Wir sind zusammengekommen, um herauszufinden, wie diese Identifikation mit dem, was sich verändert, loszuwerden ist, und uns stattdessen mit dem zu identifizieren, was unveränderlich ist und unveränderlich bleibt. Was für eine Schwierigkeit könnte es da geben? Ergründe es nur einmal und geduldig, egal zu welchem Zeitpunkt! Jetzt, in diesem Leben oder im nächsten.

Du wirst nicht glücklich sein, solange du diese Frage nicht gelöst hast. Und vielleicht hat dich die Frage ja niemals konfrontiert. Du hast immer nur anderen Fragen gestellt. Und andere hatten Fragen an dich. Aber diese Frage ist nie aufgetaucht. Diese Frage wird vielleicht selbst Antwort sein.

Du musst allerdings ernsthaft sein. Wenn du diese Frage nicht lösen kannst, ist das Einzige, was fehlt, Aufrichtigkeit.

Als er siebzehn war, verließ mein Lehrer sein Zuhause. Keine Praxis, kein Studieren. Als ich ihm Jahre später begegnete, sagte er: „Du bist Gott selbst. Du bist Gott."

Und ich hatte keinerlei Zweifel. Es ist nur eine Sache von Minuten zwischen einem Schüler, der wirklich qualifiziert, verdienstvoll, gehorsam ist, und einem perfekten Lehrer. Du benötigst keine Praxis. Wie weit weg von dir kann dein eigenes Selbst denn sein? Wie weit weg von dir befindet sich denn *Ich*, dass du irgendeiner Praxis bedarfst, um dorthin zu gelangen? Wenn es von dir weg wäre, brauchtest du natürlich ein Fahrzeug, zu Luft, zu Wasser oder zu Lande. Es ist aber innen. Inmitten des Innen. Näher als dein Atem. Da, von wo der Atem aufsteigt.

Was musst du denn tun? Gib lediglich deine Anstrengung auf. Du musst dich anstrengen, um etwas zu greifen. Du benötigst Anstrengung, um dir etwas vorzustellen. Aber für dieses hier brauchst du dir gar nichts vorzustellen, weil es der Brunnen *ist*, aus dem die Vorstellung selbst aufsteigt. Von wo der Gedanke selbst aufsteigt – worüber wolltest du da noch nachdenken? Deshalb sollst du gar nicht denken. Und du sollst dich keiner Praxis unterziehen, keine Reise unternehmen und auch kein Ziel festlegen.

Zuerst leg alle diese Vorstellungen ab! Lass deine Absicht eine andere sein als die Absicht zu üben oder es aufzuschieben; sodann lösche alles aus, was dir in den Sinn kommt, eingeschlossen die Ideen von Freiheit oder Erleuchtung oder sogar das, wonach du suchst! Nicht einmal das Konzept der Suche darf in deinem Mind aufsteigen. DIESE FREIHEIT VON DEINEN IDEEN ÜBER DICH SELBST, DAS IST ES, WOVON ICH SPRECHE.

Niemand anderer kann dir etwas geben. Dies ist deine eigene Angelegenheit. Und du musst es alleine tun. Selbst wenn du es hinausschiebst, wenn du es Millionen von Jahren hinausschiebst – am Ende von Millionen Jahren wirst du es kapieren.

Wenn du erkannt hast, wirst du wissen, dass es überhaupt keinen Schlaf gegeben hat, keine Ignoranz, keine Dunkelheit. Wo ist im Licht die Dunkelheit? Wo ist im Wissen Unwissenheit? Wo ist im Seil die Schlange? Wenn es kein Missverständnis gibt, wo ist das Trugbild? Alles Schöpfung aus dem Mind. Und du hast aufgrund deiner Vorstellung alles selbst erschaffen.

Was ist diese Vorstellung? „Ich bin *nicht* das. Ich bin *nicht* absolute Freiheit. Ich bin *nicht* absolute Existenz.“ Du identifizierst dich mit etwas, das nicht anhält, das nicht unveränderlich, nicht ewig ist. Das ist das Aufschieben.

Dieses Aufschieben ist wie ein Mahlwerk; Tag und Nacht mahlt es. Das Mahlwerk mahlt und alle Wesen werden wie Körner zermalmt. Das Mahlwerk mahlt, die Steine bewegen sich und Wesen werden zermalmt.

Einige hier und dort – einer oder zwei – mögen in der Nähe des Angelpunktes sicher sein, in der Mitte, wo sie nichts zerdrücken kann. Alles, was vom Zentrum weg liegt, weg vom Selbst, weg von der absoluten Existenz, das muss zermalmt werden.

Diese Bewusstheit, die selbst ohne Subjekt und Objekt ist, muss entdeckt werden. Es ist deine eigene Bewusstheit, und sie heißt *Freiheit von allem*.

Das *Ich* steigt auf und tut so, als sei es Bewusstheit. Das Ego und die Welt erscheinen, und das Ego trennt sich vom Selbst und meint, es genüge sich selbst und sei unabhängig. Daher kommt der ganze Ärger. Dieses Ego steigt aus Bewusstheit auf und tut so, als sei es von Bewusstheit getrennt. *(lacht)*

Es lädt sich Verantwortung auf seine Schultern und gibt keine Ruhe, bringt keinen Frieden, gewährt kein Glücklichsein und keine Freude. Stattdessen suchst du nach dem Glück in der Zeit, und zwar in einem Objekt nach dem anderen. Alle diese Vorstellungen und Ideen ergeben sich aus der falschen Vorstellung und Idee vom *Ich*.

Sobald du aber nach diesem *Ich* suchst, verschwindet es – und was bleibt, ist reines Gewahrsein, reine Bewusstheit. Nicht „*Ich bin bewusst*“, auch keine Bewusstheit, die sich auf ein Objekt bezieht. Kein Subjekt. Kein Objekt. Kein Tag und keine

Nacht. Keine Dualität. Keine Gegensätze. Das ist endgültiges Wissen. Ohne dies erschafft ein jeder Samsara. Indem du *hier* verweilst, bist du für alle eine Hilfe.

Dies muss erkannt, realisiert werden, bevor jemand anderem geholfen werden soll. Dieses Wissen ist Mitgefühl. Nichts anderes. Es lässt sich nicht erreichen, indem man etwas tut, etwas liest oder bestimmte Praktiken ausübt. Es ist, was es immer gewesen ist. Dieses Wissen ist das höchste, endgültige Wissen. Nicht indem man etwas tut. Wenn du etwas tust, dann kann man das Gewinn nennen oder das Erreichen eines Ziels durch einen Prozess. Jede Praxis wird sich physisch oder mental abspielen. Das hier ist von keinem Mind und keinem Körper abhängig. Alles, was von hier erscheint, ist DAS!

Dieses Wissen offenbart sich selbst. Es ist immer hier – allgegenwärtig, allwissend, immer währender Friede – die Selbstnatur von allen, von jedem. Sie ist hier, und du steckst deinen Kopf woanders hin. Deshalb sage ich: „Sei still!" Lass es sich selbst durch sich selbst offenbaren! Es bedarf keiner Hilfe. Es erstrahlt in seinem eigenen Glanz. Es scheint durch sein eigenes Licht. Es braucht keine Kerze von jemand anderem.

Du sagst: Untersuche „Wer bin Ich?" Du sagst aber auch, mit Worten oder mit dem Mind geht es nicht. Würdest du das erklären?

Ja. Sogar Papageien kann man beibringen, „Wer bin Ich? Wer bin Ich? Wer bin Ich?" zu fragen. Das Erforschen, von dem ich spreche, geschieht von Selbst zu Selbst.

Aufgrund der Fehlidentifikation des Selbst *denkt* es, dass es nicht das Selbst ist. Im Mind des Bewusstseins steigt aus dem Bewusstsein ein Zweifel auf: „Ich bin nicht Bewusstsein."

Dieser Zweifel ist wie eine Welle, die im Ozean des Bewusstseins aufsteigt. Was sollte denn diesem Gedanken fehlen, was sollte er benötigen, um zum Ozean zurückzukehren, da er doch bereits Ozean ist?

Manchmal steigen das „Ich“ und die Gedanken auf.

Wenn das *Ich* in den Ozean hineinfällt, ist es das, worauf du gewartet hast. Dann gibt es kein *Ich* mehr. Als Ozean kehre zurück zum Ozean, dann ist da kein *Ich* mehr.

Der Ozean tanzt. Sehen ist tanzen. Das ist vollständiges *Ich*. Es gibt ein *Ich*, das ein nachgemachtes *Ich*, unechtes, egoistisches *Ich* ist. Es gibt auch noch ein anderes *Ich*. Ozean ist vollständiges *Ich*.

Ich bedeutet vollständiges *Ich*. Ozean als Wellen. *Ich* bin Wellen. *Ich* bin das Aufsteigen und *Ich* bin das Fallen. Der Ozean hebt sich und senkt sich – aus der Sicht des Ozeans.

Gib deine Identifikation mit dem individuellen *Ich*, das du zuvor benutzt hast, auf! Sobald jenes *Ich* da ist, sind auch andere *Ich's* da: *Ich, Du und er*.

Dieses *Ich* ist vollständiges *Ich*, wenn zwischen dem Kräuseln und dem Schäumen und den Gezeiten kein Unterschied besteht. Alles ist ein Ozean. *Ich* hat keine Vorstellung, keine Trennung, keine Individualität, die anders wäre als der Ozean. Dies kann ein wunderschöner Tanz sein, sofern es jemand begreift. Dies ist vollständiges Bewusstsein.

Wie höre ich auf, es zu versuchen?

Zuerst einmal finde heraus, wer es ist, der das versucht! Die Frage „Wer ist es, der versucht?“ weist dir den Weg zum Selbst. Jetzt! Finde die Person, die es versucht!

Ich bin es, die versucht.

Okay. „Ich bin es, die versucht." Geh rückwärts, kehr zurück! „Ich bin es, die versucht." *Versucht* kommt zurück zu *bin*, und *bin* kommt zurück zu *Ich*. Jetzt bist du bei *Ich*. Jetzt sag mir, wer versucht es?

Schau hinter dem *Ich* nach! Schau unter dem *Ich* nach! Schau nach dem Ursprung von *Ich*! Jetzt sag mir, von wo das *Ich* aufsteigt; wer ist es, der versucht? *Versuchend bin Ich* bringt dich dahin zurück, von wo du gekommen bist. Schau darunter! Schau auf die Quelle selbst, dorthin, von wo das *Ich* entspringt! Schau nach unten! Du fragtest: „Wie höre ich auf, zu versuchen?" Schau auf den Ursprung des *Ich*, das versucht!

Ich bin verwirrt.

Schau auf den Ursprung von *Ich*, und welche Verwirrung ist da?

Keine.

Keine. Okay, jetzt bist du also beim Ursprung von *Ich*. Sag mir, gibt es dort Verwirrung?

Nein.

Was ist da außer diesem *Ich*? Dann sag mir also, wer ist es, der versucht? Bleib für eine Weile hier und sieh dich um, hier, wo kein *Ich* ist, und achte auf den Gedanken „Ich versuche es"! Schau dich um!

Ich schaue und kann nichts sehen.

Sieh den Ursprung von *Ich*! Von wo steigt es auf?

Von hier.

Okay, von hier. Sei in dem *Hier* selbst und sieh, was zu tun ist! Schau dich um und sieh – wer ist hier, gegenwärtig im Hier!?

Niemand.

Wer ist es also, der versucht?

Niemand.

Niemand versucht es. Wenn du niemand bist, dann versucht es niemand. Also, was ist denn nun eigentlich das Problem? *(Lachen)*

Lass es niemanden versuchen und lass niemanden sterben, und was kümmert es dich? Was macht es schon aus? Lass es niemanden versuchen und lass niemanden sterben! Du hast kein Problem. Wie ist jetzt das Klima hier? Ist es dir recht so?

Es ist niemand da.

Wenn niemand da ist, ist Frieden. Wenn sich hier ein Körper einmischt, dann ist dieser Frieden gestört. Wenn kein *Ding* da ist, wenn kein *Körper* da ist, wenn du ganz allein bist – nicht einmal Gedanke existiert – wie nennst du diesen Zustand: Unruhe oder Frieden?

Frieden.

Wo hast du den Frieden her, da du doch im Moment vorher unruhig und aufgeregt warst?

Ich habe nachgesehen.

Ja. Das hast du vorher nicht getan. Du hast nicht nachgesehen, deshalb warst du aufgeregt. Nach Millionen von Jahren voll Aufregung und Unruhe siehst du nach und findest Frieden. Schau noch einmal hin! Komm schon, schau noch einmal nach, noch einmal! Reise mit mir für eine Weile!

Jetzt kann ich das Gesicht sehen. Jetzt ist es kein unruhiges Gesicht. Ausgezeichnet, ausgezeichnet. So lange Zeit schon hat sie auf dich gewartet. Wo bist du herumgewandert?

Einen erleuchteten Menschen erkennst du am besten, wenn du selbst erleuchtet bist. Du magst vielleicht nicht das Recht haben, über jemand anderen Fragen zu stellen, aber du hast jedes Recht zu fragen: „Wer bin Ich?“

Wie ist es mit Mitgefühl für andere? Braucht Mitgefühl nicht mehr als einen?

Bedankt sich dein Magen bei den Händen, dass sie Essen in den Mund getan haben? Wenn du *„Ich“* sagst, denkst du dann an jedes einzelne Haar auf deinem Körper? Zwei Arme und zwei Beine zu haben – heißt das, dass der Körper in einzelnen Stücken existiert, oder ist es *ein* Körper?

Dass der Magen dem Mund zu danken hätte, würde ein Anderssein bedeuten. Ein Konzept von Mitgefühl zu haben, hat auch Anderssein zur Folge. Die Hände hegen für den Magen kein Mitgefühl. Wenn du „weißt“, dass es Mitgefühl ist, dann ist es kein Mitgefühl. Dann ist es wie die Missionslehren. Wie man aus Mitgefühl zu *handeln* hat. Wie die Hände sein sollten. Das ist der Unfug, den die Religionen lehren. Angst und Bestrafung predigen sie vor dem Tod, und nach dem Tod versprechen sie den Himmel.

Du sollst es nicht im Kopf verstehen. Sei einfach still! Lass es selbst aufsteigen! Bleib still! Schau, dass dich für diesen Moment kein Gedanke berührt! Und du bist hier ... für immer hier.

Was, wenn die Frage lautet: „Warum bin Ich?“

Es kommt auf dasselbe heraus.

Dasselbe. (zweifelnd) Wie ...?

Der Schwerpunkt liegt auf dem *Ich*. Letztlich führt alles zum *Ich* zurück. *Wer* und *Was* lösen sich im *Ich* selbst auf.

Wer und *Was* vielleicht, aber *Warum*?

Was und *Wer* und *Warum* sind aus dem *Ich* selbst geboren. Ihre Mutter ist *Ich*. Jetzt richte also die Frage an die Mutter selbst! Finde die Mutter, das *Ich* selbst!

Schau dahin, wo die Mutter geboren wird! Du wurdest aus der Mutter geboren; *Was* und *Warum* werden aus dieser, aus derselben Mutter, dem *Ich*, geboren. Schau dahin, wo diese Mutter geboren wurde: schau auf die Großmutter! Wo ist die Mutter ins Leben gekommen? Was die Mutter angeht, musst du zu deiner Großmutter gehen.

Wie lässt sich die Großmutter finden, wie lässt sich der Ursprung finden? Gib lediglich jede Anstrengung auf, sei sie nun physisch oder mental oder sonst irgendwie!

Also wende ich mich nach dem Ursprung?

Nein. Der Ursprung ist bereits hier. Untersuche einfach, was das *Ich* ist. Wenn du unter dem *Ich* nachforschst, verschwindet es. Wenn es verschwindet, ist es zu seiner Quelle gegangen; und indem es in der Quelle badet, ist dieses *Ich* zum Nicht-Ich geworden.

Die Frage ist: „Was ist dieses Nicht-Ich, aus dem alles aufsteigt?“ Alles ist da. Auch *Könnte-sein*-Dinge sind bereits vorhanden. Im ruhig-klaren Ozean gäbe es schon Wellen. Die Möglichkeit, dass Wellen aufsteigen, die jetzt nicht da sind, ist bereits vorhanden. Und du bist das. Identifiziere dich und geh in der Welle und im Wasser auf!

Das Wasser muss in der Welle aufgehen und die Welle im Wasser, denn sie sind ein und dasselbe. Wasser und Welle sind nicht verschieden. Ozean und Wasser sind nicht verschieden.

Leerheit und Bewusstsein sind nicht verschieden. Und du und Bewusstsein, ihr seid nicht verschieden. Du musst dir deines eigenen Selbst bewusst sein.

Wenn du dir des Berges, der Bäume, wenn du dir des Grases und des Esels bewusst bist – sind sie nicht alle in deinem Bewusstsein? All das ist Bewusstsein. Alles ist Bewusstsein, und auch du bist dieses Bewusstsein. Wie bist du verschieden von jemand anderem? Wo sind, mitten im Bewusstsein, die anderen?

Da ist kein Unterschied.

Ja. Unterschied ist tatsächlich nur eine Laune im Mind. Tatsächlich kein Unterschied.

So ist wahrlich die beste Frage deine Frage: „Wer bin Ich?" – weil es eine subjektive Frage ist. Alle anderen Fragen sind objektive Fragen.

Da hast du eine subjektive Frage, die niemand stellt. Jeder fragt: „Wer bist du? Wer ist er?" Niemand nimmt sich die Zeit zu fragen: „Wer bin Ich?" Niemand.

Derjenige, der fragt, ist frei von dieser Manifestation, für immer frei von diesem Kreislauf von Geburt und Tod. Und es sind sehr wenige Menschen, die ihr eigenes Selbst erforschen. Der Rest tut das nicht, und aus diesem Grund leiden sie auch.

Einige haben den Schritt zu dieser Selbsterforschung getan, haben den Mut für diese Selbsterforschung aufgebracht. Es geht nicht darum, etwas zu wissen, zu erhalten, anzustreben oder zu erreichen. Einfaches Erkennen. Entdecke! Du musst entdecken, das ist alles.

Glückseligkeit ist bereits hier, und du bettelst.

In der Illusion bleibt die Substanz hinter Namen und Formen verborgen. Du sagst: „Dein Name ist Susan". Du denkst: „So sehe ich aus. Ich habe diese Form. Ich bin soundso alt. Ich bin aus diesem Land. Mein Geschlecht ist ...“

Dieser Körper ist Form, und Susan ist der Name dieser Form. Das verschleiert die Wirklichkeit. Wo immer Name und Form sich zeigen, ist Unwahrheit. Sie sind nicht dauerhaft.

Name und Form folgen dir nicht in den Schlaf. Stell dir also diese Frage: „Wer bin Ich – ohne Namen und ohne Form?“

Wer bist du jenseits von Namen und Formen, die nicht wirklich sind, nicht real? Du bist nicht dieses Kleid, bist nicht diese Ohrringe oder dieses Haar. Du bist nicht der Körper! Du bist nicht der Mind.

Was bleibt? Es ist bereits hier. Reines Sein bleibt, und Nicht-Sein ist ausgelöscht. Sein ist hier, Schönheit ist hier, Ewigkeit ist hier. Und das ist, was du bist.

Jeder schläft. Wenn du andere siehst, wenn du Anderssein siehst, wenn du Dualität siehst, nennt sich das Träumen. Nur im Traum siehst du Objekte. Wenn anderes da ist, ist es ein Traum, und vor dem Träumen musst du schlafen. Schlafen ist Unkenntnis. Wenn du aus diesem Zustand erwachst, erwachst du zur Bewusstheit.

Seit ich um dich bin, weiß ich nicht mehr genau, ob ich wach bin oder nicht.

Nicht zu wissen ist gut. Um zu wissen, brauchst du jemand anderen, jemand, der von dir weiß oder von dem du weißt. Hier bist du allein. Das ist die endgültige Wahrheit.

Nichts ist je erschienen und nichts wird je verschwinden. Du bist allein. Das ist alles. Und dieses Alleinsein ist jenseits von allem. Hier kann Sonne weder scheinen noch erleuchten. Jenseits. Darüber hinaus.

In allen Sprachen außer in Sanskrit weist das Word ‚selbst' auf das Ego oder eine personifizierte Individualität hin. In Sanskrit ist das Selbst als Brahman definiert, was keine andere Bedeutung hat als Brahman. Brahman selbst ist DAS Selbst.

Du sollst nicht um Erklärungen bitten. Es lässt sich nicht greifen. Nicht mit den Sinnen und nicht mit dem Mind. Es ist unberührt und ungesprochen. Das ist Es, es selbst. Daher lass es in Ruhe!

Brahman ist alles. Es lässt sich nicht definieren. Alles. Ewig. DAS, in dem der Kosmos verweilt, in dem wir alle verweilen. Es ist das Brahman, das in allen Herzen wohnt. Im Herzen aller Wesen: Menschen, Tiere, Vögel, die Kreaturen der Flüsse und der Meere und die Steine. Dieses Brahman wohnt in jedem Herz. Und alle sind aufgehoben in Brahman.

Irgendwie bilden wir uns ein, dass wir von Brahman getrennt sind, so wie sich die Welle vom Ozean getrennt wähnt. „Wie? Warum?" Lass es in Ruhe! Lass uns nicht davon sprechen!

Wenn du unter einem Baum sitzt und dir eine Schlange aus dem Baum herunter auf die Schulter fällt: Schaust du nach oben in den Baum, um festzustellen, wo sie herunterfiel? Oder denkst du darüber nach, welche Art von Schlange das jetzt ist? Wenn du das tust, wird deine Analyse wohl zu spät kommen. Schleuder sie besser weg, wenn sie fällt.

Irgendwie sind wir von unserem eigenen Selbst getrennt. Und nur sehr wenige unter den 5,6 Milliarden Menschen – ganz zu schweigen von all den anderen Arten, so viele, dass wir sie gar nicht zählen können – sind mit dem einzigen Verlangen hier, wieder nach Hause zurückzukehren.

Was ist also der schnellstmögliche Weg, damit keine Zeit verschwendet wird? Viele von euch haben mir erzählt, dass ihr zehn, zwölf, zwanzig Jahre mit vielen Lehrern verbracht habt.

Ihr habt nach Frieden gesucht, nach Freiheit und Erleuchtung. Und nichts ist passiert. Du sagst: „Ich bin immer noch nicht frei. Ich habe die Bücher gelesen, habe alle möglichen Therapien gemacht, Meditationen und Yoga. Nichts ist passiert. Ich bin immer noch nicht am Ende."

Hier wird keine Methode, kein Weg, keine Therapie gelehrt. Es gibt keine Bücher, mit denen man sich auseinander zu setzen hätte. Das wirkliche Ziel hat nichts mit dem Lernen aus Büchern zu tun. Was in Büchern fehlt, ist Erfahrung, Erleben. Kein Buch kann dir Erfahrung vermitteln, indem du es nur liest. Du bist hier, um es unmittelbar zu erleben.

Jahrelang kannst du die Speisekarte studieren ... im Restaurant bleiben und von morgens bis abends die Speisekarte studieren. Sich mit den Menschen am Empfang zu unterhalten oder mit den Kellnern anzufreunden ist nicht die rechte Art und Weise. Die rechte Art und Weise ist, ohne Umschweife dein Essen zu bestellen und zu essen. Iss! Und das ist alles. Du musst dann nicht mehr in ein anderes Restaurant gehen, du hast es ja getan. Du hattest deine direkte Erfahrung.

Wenn du isst, dann stillst du damit deinen Hunger, der dich ins Restaurant geführt hat. Sofern du in ein Restaurant gehst und lediglich die Speisekarte liest, wird dein Hunger dadurch nicht gestillt. Und wenn das Restaurant Gerichte aus Ton zur Ansicht ausstellt, kannst du die nicht essen. Und solltest du die ausgestellten Tongerichte trotzdem essen, dann wirst du davon ebenso wenig satt.

Meine lieben Freunde, ihr seid hier. Ich bin froh. Ich bin auch über die Ergebnisse sehr glücklich. Das ist sehr ermutigend. Einige bereiten mir absolute Freude. Ich bitte aber jeden von euch, die ihr hier seid – und es sind genügend von euch jetzt hier, dass es für die ganze Welt reicht –, das Licht an alle zu geben. Ein einziges Streichholz kann einen ganzen Wald von Unkenntnis verbrennen. Probiert nur ein Streichholz aus! „Ich bin frei“, und Ignoranz ist auf der Stelle verbrannt.

Meditation

Keinerlei Praxis, das heißt, nichts, was Zeit in Anspruch nimmt, kann dich aus der Unfreiheit erlösen. Alles, was mit dem Konzept von Zeit getan wird, kann dich nicht über die Zeit hinaus zu Frieden führen. Was ist Zeit anderes als „Ich bin der Körper“? Kannst du dir die Zeit ohne das Konzept „Ich bin der Körper“ vorstellen? Zu denken „Ich bin so und so und ich will dieses oder das“, ist Anmaßung.

Um deine Gewohnheit zu durchbrechen, den nach außen drängenden Sinnen ständig hinterherzulaufen, um deinen Mind zu kontrollieren und zu steuern, ist Meditation absolut vonnöten. In der Meditation kann die nach außen gerichtete Angewohnheit des Mind zum Stillstand gebracht werden. Es soll mühelose Meditation sein, keine yogische Meditation.

Während du bei der yogischen Meditation vielleicht mehr Bewusstsein für den Körper entwickelst, spreche ich hier von Meditation für Freiheit, das heißt, den Mind an seinem Ursprung zu betrachten. Etwas Ausgeglichenheit lässt sich durch yogische Meditation wohl erreichen, wenn aber die Meditation vorbei ist, bleiben die Gewohnheiten des Mind bestehen. Weil diese Art der Meditation körperorientiert ist und sich nicht primär auf Freiheit richtet.

In Bezug auf Freiheit, und hier wird keine Zeit benötigt, ist Meditation das Erforschen des eigenen Seins, die Untersuchung des Selbst. Alle nach außen gehenden Tendenzen des Mind werden zum Stillstand gebracht. Betrachte lediglich den Ursprung von *Ich!* Beobachte, von wo der Gedanke aufsteigt! Achtsam! Wachsam! Mühelos! Finde es heraus! Sobald das *Ich* aufsteigt, tauchen auch Körper und Manifestation auf. Diese Manifestation ist deine Projektion, basierend auf deiner Idee von *Ich bin.*

Ich habe so viele Konzepte von Übungen, über die ich in Büchern gelesen habe.

Unterschiedlichen Temperamenten werden unterschiedliche Methoden empfohlen. Alle Methoden lehren dich, etwas zu tun. Es mag sich um physische, vokale oder mentale Aktivitäten handeln. Bei allen diesen Übungen geht es um mentale Gymnastik. Du bist nie still. Niemand bringt dir diese einfache Wahrheit bei.

Wenn du still bist, versagen alle Religionen. Die falschen Lehren werden allesamt versagen. Sei einfach still! Auf diese Art und Weise stiftet man Frieden zwischen den Menschen. Sei still! Dann bricht die gesamte Religionsstruktur zusammen. Religionen verbreiten Angst, Angst vor der Hölle. Sie sagen: „Wenn du dies nicht tust, dann kommst du in die Hölle." Alle Religionen predigen diese Angst. Alle Religionen gründen auf der Angst vor der Hölle. Keine Religion lehrt dich, einfach still zu bleiben.

Wenn du aber still bleibst, nur für einige Minuten in deinem ganzen Leben, gewinnst du vielleicht Frieden. Auf diese Art und Weise gehst du auf die Wirklichkeit zu; so näherst du dich der Befreiung, dem Nirvana. Bleib still!

Es liegt an dir. Ihrem Temperament gemäß wählen die Leute ihren eigenen Weg, und sie folgen ihm auch. Nur sehr, sehr wenige werden vielleicht für fünf Minuten still sein. Stattdessen gehen sie in den Himalaja, sie gehen in die Tempel, sie gehen auf Pilgerfahrten. Aber nur sehr wenige verbringen einfach fünf Minuten in ihrem Haus in Stille.

Dazu wird kein Lehrer benötigt. Wenn der Lehrer sagt: „Sei einfach nur still!", dann blüht das Lehrergeschäft nicht.

Wenn der Lehrer sagt: „Du hast überhaupt nichts zu tun, du hast einfach nur still zu sein", wozu wird dann der Lehrer benötigt? Sein Geschäft wird nicht laufen, also muss er dir etwas zu tun geben. Religionen hätten nichts zu konfirmieren, keine Bücher würden mehr herausgegeben. Keine Lehren würden floriern. Einfach nur still sein. Und ohne Ruhe und Stille ist NIRGENDS ein Ausruhen.

In der Vergangenheit hatte ich Erinnerungen an Glückseligkeit und Wohlbefinden, und wenn ich sitze, erwarte ich immer, dass es so sein sollte. Ich will nicht nur Ruhe und Stille. Ich erwarte, dass es noch mehr ist.

Ich sage: „Erwarte gar nichts!" Dein Mind hat eine Manifestation projiziert, und dann läuft er der Projektion hinterher. Es wird dir keinen Frieden bringen. Finde also heraus, von wo diese Erwartung aufsteigt! Auf andere Art und Weise hat sich diese Erwartung für dich nicht erfüllt. Jetzt kannst du ein paar Minuten daransetzen, zu entdecken, von wo diese Erwartung aufsteigt.

Anstatt mit den Sinnen nach außen zu rennen, wird Mind zum Stillstand gebracht und auf seinen Ursprung gelenkt. Du willst doch Seelenfrieden, oder?

Ja.

Jetzt kannst du dir also selbst helfen. Du hast so viele Gurus und Ashrams aufgesucht; hast du je Nutzen daraus gezogen?

Ich beherrsche bestimmte Übungen, die mir manchmal von Nutzen sind.

Übungen sind kein Problem. Du kannst nicht immer nur sitzen. Ein gewisses Maß an Yoga unterstützt den Körper, und das ist kein Problem. Wenn dein Körper krank ist, kannst du gewisse Dinge tun, um ihn zu unterstützen und zu pflegen: einige Körperübungen, gutes Essen von Sattva-Qualität oder einfaches Yoga.

Wenn du jedoch um eines bestimmten Ergebnisses willen praktizierst, dann ist das etwas anderes. Alles Trachten danach, besondere Kräfte zu entwickeln, geschieht mit dem Ego, mit dem Gedanken „Ich tue".

Einmal traf ich einen Mann im Himalaja, der viele Kräfte besaß. Er konnte levitieren (in der Luft sitzen). Er besaß die Macht der Manifestation. Zum Zeitpunkt seines Todes hatte ihm aber sein Guru gesagt: „Ich habe dir alles gezeigt, was ich weiß, aber die endgültige Wahrheit habe ich nicht gefunden. Suche nach jemandem, der dir die endgültige Wahrheit vermitteln kann!"

Wenn du nichts für dich verlangst, wird dir alles, was existiert, gegeben werden, ohne dass du darum bitten musst. Sagt der König denn: „Ich will dieses Gebäude, ich will jenes Haus"? Das gesamte Königreich ist doch seins. Es wird dir gegeben werden. Du musst nirgendwo mehr betteln.

Auf der ganzen Welt werden so viele Praktiken ausgeübt, so viele Sadhanas und Exerzitien. Formen von Yoga, Mantras, Verehrung, Karma, Hingabe an Gott und so weiter.

Die Frage ist: „Was ist das Ziel? Was ist es, das du willst?"

Verschiedene Praktiken eignen sich für verschiedene Ziele oder Absichten. Vielleicht können wir besser von Brahman sprechen, weil du glaubst, dass *Ich* gleichbedeutend ist mit individuellem Bewusstsein. Hier ist Brahman das, *was ohne jegliche Attribute ist.* Ein Wissenskörper selbst, der assoziationslos ist. Ohne Dualität. Das nennt sich Brahman.

Hier ist das Ziel eigenschaftsloses Brahman, jenseits von Mind und Intellekt. Es offenbart sich selbst durch sich selbst, weil Es jenseits von Mind oder Intellekt ist, jenseits aller Sinne oder Praktiken. Es offenbart sich selbst. Um etwas in der Dunkelheit zu finden, brauchst du Licht. Aber du brauchst doch kein Licht, um das Licht zu erblicken. Es ist ja selbst das Licht. Es offenbart sich selbst. Lichterfüllt, selbst-leuchtend. Keine Assoziation ist möglich, weil es ohne Eigenschaften ist.

Was hier geraten wird, ist das Erkennen des eigenschaftslosen, makellosen, ewigen Brahman. Praktiken mögen reinigend wirken oder eine zeitweilige Erleichterung verschaffen. Welche Praxis ist deinem Ziel wohl am nächsten?

Die wenigen Menschen, die absolutes Brahman realisieren wollen, meditieren ausschließlich über das eigenschaftslose Brahman. Kein Konzentrationsobjekt möglich mit eigenschaftslosem Brahman. Keine Ausrichtung auf ein Objekt in der Vergangenheit, Gegenwart oder Zukunft. Meditiere über das makellose Brahman, welches nicht verschieden, nicht anders als dein eigenes Atman ist, deine eigene grundlegende Natur!

Ist es dir nicht möglich, dem, was hier vor sich geht, unmittelbar zu folgen, kannst du eine Weile mit deiner Praxis fortfahren. Langsam wirst du sehen, dass der *Meditierende* und das, *worüber meditiert wird,* verschwinden.

Wenn du schon etwas denken willst – warum „Ich bin der Körper“ oder dergleichen denken, etwas, das nicht von Dauer ist? Wenn du schon einen Gedanken willst und nicht ohne Gedanken sein kannst – warum nicht denken „Ich bin Brahman“?

Wenn du Praxis willst, dann wäre „Ich bin Brahman" die nahe liegendste Praxis. Diese Übung ist deinem Ziel am nächsten.

Jeder Ashram, jedes Zentrum wird dir eine Therapie oder Übungen empfehlen, um dich beschäftigt zu halten. Warum? Weil niemand dort die Wahrheit verwirklicht hat, um sagen zu können: „Sei einfach still!"

Wenn sie dich einfach auffordern, still zu sein, was ist dann der Zweck eines Zentrums oder Ashrams? Sein kommerzieller Zweck ist verfehlt. Was könnte ein besserer Lehrer, was eine bessere Lehre sein als „Sei still!"

Das ist die Lehre meines Meisters.

Wer hat in diesem Jahrhundert diese Lehre verbreitet? Er ist der einzige Lehrer dieses Jahrhunderts, der sagen konnte: „Sei still!" Still zu sein ist der einzige Weg, diesen Kreislauf des Leidens loszuwerden.

Praktiken, Rituale, Mantras oder Yoga auszuüben ist alles sehr gut, weil *etwas* in dieser Richtung besser ist als sich in der Welt zu verlieren. Einige von euch haben die Wahrheit bereits direkt erfahren, andere wollen weitere Klarheit, manche verstehen nicht, was hier vor sich geht. Lasst es mich erklären! Was immer du für eine Praxis ausübst, sie ist auf ein bestimmtes Zentrum ausgerichtet. Physische Übungen richten sich an den Körper. Vitale Praktiken sind Pranayama, Kundalini, Kriya und so weiter. Raja-Yoga und intellektuelle Praktiken sprechen das mentale Zentrum an.

Weil deine Natur Bewusstsein ist, gibt es niemals eine Zeit, wo Bewusstsein nicht gegenwärtig wäre. Während du dich im Wachzustand befindest und in der Welt oder mit spirituellen Aktivitäten beschäftigt bist, bist du dir sehr bewusst über das, was du tust. Sogar im Traumzustand bist du dir des Träumers und des Traums bewusst. Manchmal kommst du in den nächsten Wachzustand zurück und bist dir bewusst darüber, was geträumt wurde. Du bist dir auch über die Freude bewusst, die dir während eines traumlosen Schlafs zuteil wurde.

Indem die anderen Zustände des Wachens, Träumens und Schlafens zurückgewiesen werden, ruht der Mind und ist in Frieden. Und in diesem Frieden bist du sehr bewusst.

Dieses Bewusstsein ist in allen Zuständen gegenwärtig. Bewusstsein ist die Basis, die Quelle, der Ursprung. Worte können nicht beschreiben, was es ist. Aber du kannst auch nicht leugnen, dass Bewusstsein immer existent ist. Bewusstsein ist das Leben an sich. Glückseligkeit an sich. Das lässt sich nicht leugnen.

Wegen der offensichtlichen Reife der Menschen, die jetzt hier im Satsang sind, können wir darüber sprechen, und sie begreifen es. Einige von euch erfahren es und berichten über ihre Erfahrung. Darüber bin ich sehr glücklich.

Ich erlebe die Welt nicht so. Es scheint Zeiten zu geben, wo ich nicht sicher bin, ob ich bewusst bin.

Du leugnest Bewusstsein, richtig?

Richtig.

Bist du dir wegen des Leugnens nicht bewusst? – Genau so.

(Lachen)

In meiner zwanzigjährigen buddhistischen Meditationspraxis habe ich mich in Selbsterforschung geübt, mich selbst investigiert.

Nach innen gehendes Erforschen – Investigation – geht gerade vor sich, doch du rennst weg, woanders hin. In-vestigiere. Geh nach innen!

Was hast du diese letzten zwanzig Jahre denn gemacht?

Ich habe nach innen geschaut und die Leerheit des Selbst und der Phänomene gesehen. Ich habe das Gefühl, dass ich viel gewonnen habe. Nicht „ich", aber ich fühle, dass sich Verständnis gebildet hat.

Dieses Verständnis war geborgt. Dieses Wort *Leerheit,* das du benutzt, das voller Egoismus ist, ist nicht Leerheit. Nicht einmal Leerheit. Leerheit hat nichts damit zu tun. Lass dieses Wort Leerheit gehen. Wo hast du das gelernt? Du hast es irgendwo gehört. Es gehört der Vergangenheit an. Es hat nichts mit dem zu tun, wovon wir sprechen.

Das Wort Leerheit weist lediglich auf etwas anderes hin, wie der Finger, der auf den Mond zeigt. Wenn du über das hinausgehen willst, weise dieses Wort ‚Leerheit' zurück. Es ist nur ein Finger, der auf etwas zeigt, dem ich keinerlei Namen gebe.

Also habe ich diese zwanzig Jahre vergeudet, hmmm?

Diese zwanzig Jahre haben dich hierher gebracht. Nicht nur zwanzig Jahre: fünfunddreißig Millionen Jahre.

Aber in Wahrheit gibt es keine Zeit – nichts hat überhaupt je existiert. Das ist die Erfahrung, ist die endgültige Erfahrung. Zeit ist ein Betrug im Mind. Du berührst das Wort *Ich* und gleichzeitig wird die Zeit auftauchen: Vergangenheit, Gegenwart und Zukunft. Diese Wahrheit lässt sich nicht in Worte fassen, sie ist unaussprechlich. Der Buddha hat neunundvierzig Jahre lang gesprochen und immer noch glaube ich nicht, dass er den Punkt des Unaussprechlichen berührt hat.

Wenn ich meditiere, brauche ich den Kontakt zu anderen Menschen. Was soll ich tun?

Wenn du meditierst, meditiere! Wenn du mit Menschen bist, sei mit Menschen!

Nein. Wenn ich meditiere, kann ich das nicht, weil ich Angst davor habe, allein zu sein.

Dieses Alleinsein ist der Anfang der Meditation. Vor dem Alleinsein gibt es keine Meditation, denn dann bist du bei etwas anderem. Wenn nichts anderes mehr da ist, dann beginnt deine Meditation. Und damit Angst da sein kann, muss die Idee von etwas anderem da sein. Die Angst kommt mit dem anderen, nicht vorher. Angst mag da sein, bevor du zu meditieren beginnst. Angst, alles zurückzulassen oder Angst vor dem Unbekannten, das vor dir liegt. Bis zu diesem Punkt bist du noch nicht in die Meditation eingetreten.

Meditation ist Liebe zu, Liebe mit deinem eigenen Selbst. Nicht zu jemand anderem.

Was ist Meditation?

Meditation ist die Konzentration auf die Bewusstheit selbst, die immer existiert hat. Bist du nicht bewusst, während du meditierst? Wenn du in deiner Psyche bist, musst du bewusst sein. Sich dieser Bewusstheit bewusst zu sein, wird Meditation genannt. Und diese Bewusstheit wird dir die Wahrheit offenbaren. Bleibe bewusst, und diese Bewusstheit wird die Wahrheit seiner selbst offenbaren. Das nennt sich Meditation. Welche Angst kann es da geben? Bewusstheit meditiert über Wahrheit. Bewusstheit, die über sich selbst, nicht über ein Objekt meditiert, ist Meditation.

Während der Meditation kommen Gedanken, die mich stören. Was müsste ich tun?

Angenommen, du meditierst jetzt. Nimm einen Gedanken auf und sag ihn mir!

Ich habe ein Bild.

Ein Bild ist selbst ein Gedanke. Was dachtest du?

Ich dachte an meinen Meister.

Denk weiter an deinen Meister! Jetzt lass diesen Gedanken durch einen anderen ersetzt werden! Schau auf den nächsten Gedanken, der seinen Platz eingenommen hat!

Ich dachte an meine Eltern.

Gut. Was hast du nun mit dem Gedanken an deinen Meister gemacht?

Er ist immer noch irgendwo in meinem Mind.

Nein, nicht irgendwo. Mind ist Gedanke. Kein Unterschied. Wenn der Meister-Gedanke fortgeht, ist jetzt der Gedanke an deine Eltern da. Jetzt halte diesen Gedanken von Eltern! Halte gut fest! Schau nach einem anderen, wichtigeren Gedanken, einem übergeordneten Gedanken! Meister ist weg. Gut. Jetzt entferne Eltern, und was ist da?

Meine Schwester.

Okay, halte diesen Schwester-Gedanken ganz fest und sag mir den nächsten!

Die Kinder meiner Schwester.

Okay, schau mal! Den Meister hast du zurückgewiesen. Lass ihn zur Hölle fahren, es macht nichts. Als nächstes Eltern ... zurückgewiesen. Du behältst immer das Beste im Sinn, das, was du am meisten liebst. Die Eltern haben den Meister ersetzt. Sie sind dir lieber als der Meister.

Wenn du heiratest, vergisst du deine Eltern. Wegen der Liebe zu deinem Mann vergisst du alles. Du kannst immer nur eine Sache auf einmal im Mind behalten. Die Gedanken, die wir haben, kreisen immer um das, was uns lieb und teuer ist.

Wie ist dieser Gedanke an den Meister abhanden gekommen? Der Meister muss doch derjenige sein, der dir Seelenfrieden schenkt, der dir Befreiung aus der Knechtschaft schenkt, der dich des Leidens enthebt. Wenn du das für Eltern hergibst und dann Schwester und dann Kinder, ist das Unruhe, ein gestörter Mind.

Zunächst einmal musst du Millionen Spezies durchlebt haben, um ein Mensch zu sein. Wir haben eine Wahl, die andere Arten vielleicht nicht haben. Das ist eine Wahl, die getroffen oder zurückgewiesen werden kann. Diese Wahl hast du getroffen, als du zu deinem Meister gingst. Du bist um der Freiheit willen zu einem Meister gegangen. Wie kannst du das wegen Eltern und der Schwester zurückweisen?

Ich bin nicht der Freiheit wegen zum Meister gegangen.

Wofür denn sonst, für Musik? Wenn du nicht um der Freiheit willen gegangen bist ... deshalb also hast du den Meister zurückgewiesen.

Was meinst du mit Meister und was ist dann dein Verlangen?

Ich will Erleuchtung. Ich will Gott näher sein.

Wenn du Gott näher sein willst – das nennt sich Freiheit von Leiden, Freiheit vom Kreislauf der Welt. Du bist zum Meister gegangen, damit er dir beibringt, wie du Gott näher sein kannst, richtig?

Ja.

Ein sehr guter Gedanke. Mit diesem Gedanken weise alle anderen Gedanken, alle anderen Beziehungen zurück. Du kommst zu einem Lehrer, um gesagt zu bekommen, wie du Gott nahe kommst. Jetzt hast du den Lehrer gefunden, der dich mit Gott bekannt machen, dich ihm vorstellen wird. Anstatt an diesem Gedanken festzuhalten, diesem Gedanken von einem Meister, der dich befähigt, Gott nahe zu sein, hast du ihn durch einen höheren ersetzt.

Höheren?

Natürlich. Nur auf diese Art lässt sich etwas ersetzen. Du wählst, das heißt entscheidest dich dafür, an die höhere, begehrenswertere Sache zu denken.

Einen anderen höheren Gedanken gibt es nicht.

Dann halte an diesem Gedanken fest. Und während du an ihm festhältst, schau nach einem anderen, der ihn ersetzen soll. Sei vorsichtig. Dies ist ein sehr wichtiger Gedanke. Deshalb bist du hierher gekommen. Wenn du ihn ersetzt, gehst du von Gott weg. Entweder bleibst du hier oder du steigst aus. Es gibt jetzt keine andere Alternative. Also wähle!

Ich kann an keinen anderen Gedanken denken.

Sehr schön. Du kannst es nicht. Jetzt lass diesen Gedanken nicht los, sofern nichts da ist, was dem übergeordnet wäre, was wichtiger wäre! Wenn du diese Chance nicht wahrnimmst, wirst du ihn verpasst haben: den wichtigsten Gedanken in diesem menschlichen Leben. Eine gesegnete Person, die einen solchen Gedanken aufsteigen lässt. Keine anderen Gedanken können dich nun berühren.

(lange Stille) Okay, zehn Minuten sind vergangen. Hast du einen anderen, wichtigeren Gedanken gefunden, der diesen ersetzen kann?

Nein.

Nur wenn du diesen Gedanken fallen lässt, kannst du einen anderen auffangen, sonst geht es nicht. Nichts kann den wahren Gedanken „Ich will frei sein“ berühren. Ansonsten bringst du deine Eltern ins Spiel ... sogar Kühe haben Eltern und Schwestern und Kinder.

Wie hat man also Erfolg damit? Wenn du Medizin studieren willst, gehst du dafür in eine Spielhalle? Kannst du auf diese Art Arzt werden? Schau dir genau an was du willst, und bleibe dabei!

Ich habe meine Eltern zurückgewiesen. Ich habe meine Familie zurückgewiesen. Ich ging zu meinem Meister. Nichts konnte diesen Gedanken „Ich will frei sein" besser machen. Nichts konnte mich dem Meister entfernen. Vierundzwanzig Stunden am Tag war dieser Gedanke an Gott in meinem Kopf.

Wenn du dauerhafte Freude finden willst, musst du in die richtige Richtung schauen. Du wirst es in keinem Objekt draußen finden. Jedes Objekt wird zuerst auftauchen, dann bleiben und schließlich zu Ende gehen. Für dauerhafte, immer währende Freude musst du woanders hinschauen. Schreib die Freude nicht etwas anderem zu, egal ob einer Person, der Sonne, dem Mond oder den Sternen!

Stopp diese Neigung, äußeren Objekten nachzugehen, was immer sie auch sein mögen! Halte deinen Mind davon ab, sich in irgendeine Richtung nach außen zu begeben! Dann musst du zu deiner inneren Schönheit zurückkehren. Das ist deine eigene Natur: ewige Glückseligkeit, wie du sie nie gefühlt hast.

Du magst Vergnügungen genießen, du magst da draußen wunderschöne Dinge sehen; ich glaube aber nicht, dass irgendjemandes Verlangen durch Anklammern an äußere Schönheit oder äußeres Glück je ganz gestillt wurde.

Vergeudet euer Leben also nicht mit Äußerlichkeiten! Halte deinen Mind in Schach und von den nach außen gerichteten Tendenzen ab, von dieser Neigung, die schon seit Jahrmillionen besteht!

Und jetzt ist es an der Zeit. Du bist hier. Du musst all die alten Neigungen des Mind, nach außen zu fließen, anhalten. Dann lenke den Mind zurück zu deinem eigenen Selbst. Es muss doch das Selbst sein, welches der Sonne, den Sternen und dem Rest der Welt das Attribut von Schönheit zuschreibt. Finde also heraus, wer dieses Selbst ist, welches das unendliche Reservoir von Schönheit, Liebe und Glücklichsein ist, das du die ganze Zeit versäumt hast!

Der Mind rennt immer vorübergehendem Vergnügen nach und springt dann zu dem nächsten, ohne Ende. Nur wenn du diese Affäre ein für allemal beenden willst, dann halte ihn an und richte ihn auf seinen eigenen Ursprung. Dann wirst du die Schönheit dieses Reservoirs erkennen. Dein Mind wird darin ein- und untertauchen und sich ein für allemal darin auflösen.

Dieser Mind ist so heimtückisch, und überdies hast du ihn an der langen Leine gelassen. Darum ist es nicht seine Schuld. Eines Tages musst du dich entscheiden, und jetzt ist es an der Zeit. Du bist wegen Satsang hier. Dies ist Satsang. Und du musst immer währenden Frieden finden. Dafür musst du dich keiner mühevollen Praxis unterziehen. Es kann nur das sein, was schon hier ist und in eben diesem Moment auf dich wartet. Dieser Moment reicht völlig aus.

Ich war für drei Wochen hier und du hast mich aus der Anmaßung meines Unglücks befreit. Dann bin ich nach Pune gegangen und habe fünf Wochen lang Tantra gemacht. Jetzt bin ich verwirrt. Ich wurde sehr böse, eifersüchtig und wütend auf einen Freund und habe mich an Erwartungen geklammert, die sich nicht so erfüllt haben, wie ich es wollte. Ich fühle mich wacklig.

Und? Was willst du?

Was ist zu tun, wenn die Emotionen kommen? Ein Teil von mir will kämpfen. Wie kann ich die Gefühle anhalten? Einfach fragen: „Wer bin Ich?“

Wie es anzuhalten ist? Damit es anhält, musst du hierher kommen. Hier gibt es keine Therapie. Jemand, der dir sagt: „Mach dies!“ oder „Tu das!“, ist ein Metzger, kein Führer. Kein wirklicher, kein wahrer Lehrer sagt: „Mach dies!“ oder „Tu das!“ Verstehst du?

Die Person, die dir sagt: „Genug! Du hast genug getan. Jetzt sei still!“ – das ist der Mensch, bei dem man eine Weile bleiben sollte. Ansonsten ist jeder in Therapien verwickelt, und das ist dein Karma.

Warum bleibst du nicht still? Therapie ist mit dem Mind, nicht wahr? Körper, Gefühle und Mind. Kannst du irgendeine Therapie ohne Mind und ohne den Körper machen?

Hier brauchst du keins von beiden. Gebrauche eine Minute lang weder deinen Mind noch deinen Körper, und was du erfährst, ist zeitloser Friede. Sei für einen Augenblick still, und du wirst wissen, was kommt, was aufsteigt.

Es scheint, dass ich mehr Sein erfahre, wenn ich die Augen geschlossen halte. Ich denke uber unterschiedliche Meditationstechniken nach, die gelehrt werden.

Du sprichst von Sein und von Techniken. Das eine ist, im Fluss zu schwimmen, das andere, mit einem Buch in der Hand in deinem Zimmer zu bleiben, das dir das Schwimmen beibringt. In deinem Bett zu liegen und darüber zu lesen, wie man in den Fluss hineinspringt: Das ist eine Technik, Technik des Seins.

Ja, aber man kann doch auf verschiedene Arten in den Fluss gehen: mit dem Kopf zuerst, mit den Füßen zuerst oder hineinspringen.

Hineinspringen ist, was ich sage. Hineinspringen bedeutet, dich direkt an dich selbst zu wenden. Wirf dein Buch weg! Im Fluss musst du dieses Buch nicht lesen. Wenn du schwimmen lernen willst, spring in den Fluss! Lieg nicht auf deinem Bett herum!

Du bist dem Fluss noch nicht begegnet. Technik wird dich nicht zum Schwimmer machen, solange du nicht zum Fluss kommst. Tauch in den Fluss ein! Tauch ein in das Sein an sich und gib alle Techniken auf!

Es scheint aber etwas auszumachen, ob meine Augen offen oder geschlossen sind.

Macht es der Sonne etwas aus, ob die Jalousien geöffnet sind? Blinde Menschen können ihre Augen die ganze Zeit geschlossen halten. Schauen sie nach innen? Die Augen haben damit nichts zu tun. Die Augen sind zum Sehen da, nicht zum Sein. Nichts ist dafür nötig: keine Augen, keine Ohren, keine Nase, keine Zunge, keine Berührung. Du bist schon *Das.*

Der Mind hat dich durch diese Fenster nach außen gebracht. Wenn du aber *Das* bist, ist es dir egal, ob die Fenster geöffnet oder geschlossen sind. Entferne den Staub aus deinen Augen, dann macht es nichts, ob sie offen oder geschlossen sind! Aber zuerst entferne den Staub! Was ist denn dieser Staub in den Augen, der das Sein nicht sehen kann? Dieser Staub ist Gedanke. Lass keinen Gedanken aufsteigen! Wenn er aufsteigt, bekommt man Staub in die Augen, in die Ohren und in die Nase ... du hörst die eigene Musik nicht, du riechst nicht den eigenen Duft. Du siehst dein eigenes Licht nicht in dir.

Und wenn du das nicht siehst, wirst du andere Dinge sehen: Reflexionen. Wenn du deine eigene Musik nicht hörst, wirst du dich nur zu äußerem Lärm hingezogen fühlen. Warum riechst du deinen eigenen Duft nicht? Hast du den Duft deines eigenen Lotus gerochen? Wenn du aufhörst, den Gedankenmüll zu riechen, wirst du dich zu deinem eigenen tausendblättrigen Lotus hingezogen fühlen. Das ist in jedem.

Wenn du dein eigenes Selbst erblickst, erkennst du Schönheit, Liebe, makellose Ewigkeit. Du wirst es nicht verlassen. Das Sein verlässt du nicht.

Gedanken führen dich zum Werden; ich bin dieses oder jenes. Wenn du all diesen Staub entfernst, werden deine Augen sehr klar sein. Es gibt kein innen oder außen. Deine Ohren werden Musik hören.

Dein Mind wird so schön sein wie der intimste Freund. Er wird dich dorthin führen, woher er kam, und dich mit dieser Herrlichkeit bekannt machen. Soweit wie möglich musst du deinen Mind benutzen.

Aber reinen Mind, keinen staubigen Mind. Staubiger Mind ist gleichbedeutend mit Verlangen. Lass die Wünsche und Begierden draußen – und zwischen Mind, Atman, Selbst oder Bewusstsein ist kein Unterschied. Dann ist der Mind No-Mind.

Lediglich Verlangen verschmutzt den Mind. Lass das Verlangen fallen und sieh für einige Augenblicke, wie es ist! Entledige dich allen Begehrens und stürze dich in den zeitlosen Ganga-Fluss! Bade dich in Reinheit, bar allen Verlangens, dann komm heraus, zieh dir dein Kleid an und geh frei umher in dieser Manifestation! Tue, was du möchtest! Keine Eile. Du musst wählen, was du willst: glücklich sein oder leiden – wähle! Zeitlosigkeit oder Zerstörung, Hass oder Liebe – wähle! Okay?

Ist Freiheit von Gedanken wirklich Freiheit vom Ego?

Ja. Ego existiert nicht. Es ist nur ein Konzept, das du woanders aufgeschnappt hast. Wenn ein Kind geboren wird, hat es kein Ego. Es ist sehr glücklich, lächelt jeden an. Ego ist ein altes, ein vergangenes Konzept.

Ist denn Ego nicht im Nicht-Gedanken latent? Im Moment des Nicht-Gedankens kommt Glückseligkeit – dann steigt das Ego wieder auf, also ist doch das Ego latent.

In diesem besonderen Fall, wo du in diesen gedankenlosen Zustand eingetreten bist (vom Ego- in den egolosen Zustand), hast du dich bemüht. Um in Egolosigkeit anzukommen, beim Selbst, beim Licht, hast du dich mit einem Seil, mit dem Ego abgesichert, indem du dich bemüht hast. Dieses Seil, das Ego, wird dich demnach auch wieder zurückholen.

Jetzt also binde dich nicht an! Keine Mühe und kein Seil. Dann tritt in diese Mühelosigkeit ein! Sie ist bereits hier. Es gibt keinen Eingang und auch keinen Ausgang. Ausgang und Eingang sind Vergangenheit und Zukunft. Und so sage ich: „Unterbrich die Verbindung zwischen Vergangenheit und Zukunft." Und wie wirst du herauskommen? Alles ist Wahrheit. Wer wollte dich zurückholen?

Es gibt kein Ego. Ego ist dir von jemand anderem übergestülpt worden. Von deinen Eltern, der Gesellschaft, der Kirche. Das ist alles. Es gibt kein Ego. Egolosigkeit, Freiheit ist dein Geburtsrecht. Es ist dein Vermächtnis vom Glücklichsein. Aus diesem Grund suchst du danach. Alles, was du tust, tust du, um glücklich zu sein; um des Seelenfriedens und der Liebe willen.

Woher hast du dieses Konzept überhaupt? Einmal hast du Glücklichsein geschmeckt und deshalb möchtest du es wiederhaben. Du suchst aber an Orten, wo das Glück nicht ist: in Objekten, in Sinnesgenüssen.

Mit meiner Meditation mache ich Yoga und Atemkontrolle, um in die Leerheit zu kommen; ich komme aber immer wieder zurück.

Bevor sich jemand in die Meditation begibt, bindet er zuerst ein Seil an. „Ich werde eine Stunde lang sitzen und meditieren, und dann muss ich ins Büro." Wer so denkt, der schaut auf die Uhr. Doch Meditation ist Dhyana, und Dhyana ist, wenn der Mind No-Mind ist. Das ist Meditation. Wenn du meditierst, sollte es keinen Meditierenden geben und nichts, worüber meditiert wird. Das ist Meditation.

Aber dann besteht auch kein Körperbewusstsein.

Dann besteht auch kein Ego. Das ist deine Natur. Alles ist da, der ganze Kosmos ist da, und du bist perfekt. Du benötigst nichts. Alles ist grenzenlos. Du kannst keinerlei Grenze in ein anderes Land überschreiten. Wo immer du hingehst, vor dir ist Leerheit, hinter dir ist Leerheit, zu den Seiten hin ist es Leerheit. Das ist Weisheit.

Wenn unser Ego das Seil angebunden hat und ich gebe zu: „Ja, das Seil ist angebunden," ist dann nicht Anstrengung nötig, um das Seil zu lösen? Wenn ich sitze und nichts tue...

Sogar Sitzen ist mit Anstrengung verbunden. Stehen ist auch mit Anstrengung verbunden.

Also gibt es immer eine gewisse Anstrengung.

Eine gewisse Anstrengung ist immer vorhanden, und wenn du dich mit diesen so genannten Anstrengungen nicht verbündest, dich nicht daran klammerst, wirst du bei irgendetwas ankommen, das sich ohne Anstrengung offenbart. Anstrengungen sind allesamt Gebote und Konzepte.

Sind Sadhanas für jeden nützlich?

Sadhana ist nicht für die Freiheit, sondern dafür, deine alten Muster abzulegen. Freiheit steht vor dir und lächelt dich an, während du deine Sadhanas ausübst. Deine alten Neigungen, nach denen du greifst, sind eine eingebildete Wand. Diese Wand ist der Gedanke: „Ich bin unfrei und ich leide."

Jeder, den ich kenne, unterzieht sich irgendeiner spirituellen Praxis, um dem Erwachen näher zu kommen, sei es Vipassana oder Zen oder Psychotherapie. Hat dies irgendeinen Wert?

Es hat keinen Wert. Die Leute verschwenden ihre Zeit, weil sie sonst nichts zu tun haben. Sie sind in ein Geschäft eingestiegen, um sich etwas vorzumachen.

Aber so viele Religionen, so viele Lehren und Praktiken, so viele Wege ...

Alle sind destruktiv. Was ist das Ergebnis? Bei den Religionen etwa – was ist das erste Ergebnis? Zerstörung auf der Grundlage von Religionen: Bis heute entspricht die Zahl der Menschen, die getötet wurden, der Weltbevölkerung, und immer noch geht es weiter. Und wo ist der, der durch irgendeine Praxis erleuchtet wurde? Das möchte ich wissen.

Na ja, es ist selten ...

Nenne mir nur einen! Da du die Frage gestellt hast, sag mir: „Gibt es einen, der durch Praxis befreit wurde?"

Ich kenne eine Handvoll Menschen, die eine gewisse Ebene von Erwachen erlangt haben.

Einen, nenne einen, seit Anbeginn dieses Planeten!

Buddha.

Ja. Er ging von Lehrer zu Lehrer und war nicht zufrieden. Er ging zu vielen Sekten und Lehrern und sagte: „Das ist es nicht, ich will es also selber tun."

Dann saß er, nur mit sich allein. Er saß mit sich allein in Meditation unter dem Bodhibaum – und etwas geschah.

Niemand weiß, was. Ananda war der Erste, der in seine Nähe kam. „Meister, was ist geschehen? Was hast du erfahren, was fühlst du?"

Wenn er etwas davon hatte, dann vielleicht, dass er alles hinter sich ließ, um die Freiheit zu erlangen. Freiheit kann nicht das Ergebnis einer Anstrengung sein, denn dann wäre Freiheit von etwas anderem abhängig, und das ist nicht wahr. Wahrheit ist Selbst-leuchtend, und das Selbst strahlt durch seinen eigenen Glanz. Es benötigt keine andere Hilfe, um erkannt zu werden. Der Diamant benötigt nichts anderes, um ein Diamant zu sein. Nur wenn du die Anstrengung zurückweist, kann etwas geschehen.

Ja, aber ein Diamant ist roh, und man muss ihn bearbeiten und schleifen, damit er schön wird. Man kann doch auch von spiritueller Praxis sagen, dass sie den rohen Menschen nimmt und ihn verfeinert, so dass das Licht hindurchscheinen kann. Der Buddha hat meditiert und darum sitzen Menschen damals wie heute, um erleuchtet zu werden.

Er erkannte sich selbst. Die Erkenntnis ist, dass Freiheit bereits hier ist. Wenn er sich einer Praxis unterzog, war es, um dieses Konzept von Anstrengung abzuwehren – dieses Konzept, dass Anstrengung nötig ist, um Freiheit zu erlangen. Sobald das weg ist, ist Freiheit hier.

Osho sagte, er praktizierte und praktizierte, und dann ließ er los. Darin war keine Anstrengung.

Praxis dient dazu, die Angewohnheit der Praxis zu entfernen. Dann erkenne, dass Freiheit schon hier ist! Was schon jetzt hier ist, bedarf keiner Übungen, keinerlei Praxis. Sieh einfach nur, was die Hindernisse sind! Was ist die Wand? Die Wand ist deine Vorstellung, dass du nicht frei bist. Wenn du eine Anstrengung unternimmst, um frei zu sein, akzeptierst du das Konzept, dass du nicht frei bist; und da fängst du also an. Wenn du dich von diesem Konzept des „Ich bin nicht frei" lossagst, was passiert dann? Diese Vorstellung ist lediglich deine eigene Schöpfung.

Allein schon diese Absicht „Ich will frei sein" – von wo steigt sie auf? Tu nichts! sieh einfach nur, von wo diese Absicht aufsteigt! Kommt sie von dort, wohin dich deine Absicht nehmen will? Oder der Gedanke „Ich bin unfrei“ – von wo steigt er auf?

Aus dem Bewusstsein.

Ja, okay. Sehr gut. Aus dem Bewusstsein. Jetzt steigt also die Idee auf: „Ich will frei sein,“ und jemand schlägt eine bestimmte Praxis vor. Wenn sie erfolgreich ist, wohin wird dich deine Praxis führen? Was ist das Ende dieser Praxis?

Freiheit.

Was ist also der Unterschied zwischen Vor-Anstrengungs-Bewusstsein und Nach-Praxis-Freiheit?

Es gibt keinen.

Also, wie weit ist die Entfernung zwischen demselben?

Praktizieren, um zum selben Ort zurückzukehren.

Und wenn du das schon vorher weißt?

Die Natur des Mind und der Vasanas

Bewusstsein allein ist. Wenn es versucht, sich selbst zu verstehen, dann ist dieses Verständnis zu Mind geworden. Zwischen Verständnis und Mind besteht kein Unterschied. Mind bedeutet Aktivität. Was immer dein Mind ist, das wird auch deine Aktivität sein. Wie dein Verständnis ist, so ist dein Mind. Wie dein Mind, so deine Aktivität.

Diese Aktivität erzeugt die fünf Sinne. Entsprechende Objekte werden erschaffen, und das nennt man dann das Universum. Dieses Universum ist das Ergebnis von Verständnis, welches einmal aufstieg, um Bewusstsein zu verstehen. Bewusstsein, das sich nicht objektivieren lässt, wird zum Objekt gemacht. Der Mind wird zum Subjekt, um die Objekte wahrzunehmen.

Was immer wir sehen, was immer wir verstehen – es ist nichts als Unkenntnis. Das ist so, weil dieses Verstehen, wenn es aufsteigt, Mind erzeugt, und der Mind wird *Ich bin. Ich bin* muss etwas verstehen und agieren. Diese Aktivität von *Ich bin* ist *Missverstehen,* weil Bewusstsein weder verstanden noch begriffen noch konzipiert werden kann. Es hat keinen anderen Betrachter. Es hat seinen eigenen Glanz, es strahlt durch sein eigenes Licht, ist allgegenwärtig, allwissend. Wer sollte sein Betrachter sein?

Verständnis hat es objektiviert und ist selbst subjektiv geworden. Als Subjekt muss es erschaffen. Diese Schöpfung ist das Resultat von Unwissenheit. Was auch immer du verstehst, konzipierst oder wahrnimmst, ist einfach nur Unwissenheit.

Die Schöpfung verschwindet in einem Augenblick, ebenso wie sie in einem Augenblick aufsteigt. *Ich* ist der Mind und Objekte sind das Universum. Äußere nur einmal „Ich", und das ganze Universum steht vor dir – Vergangenheit, Gegenwart, Zukunft – und endlose Wiederholung. Das ist Samsara.

Du hast fälschlicherweise das Seil mit einer Schlange verwechselt. Wenn du weißt, dass es ein Seil ist, verschwindet die Schlange. Warum? Weil die Annahme, dass es sich um eine Schlange handelte, ein Missverständnis war. Diese Kenntnis von dem Seil als Seil wird augenblicklich für das Verschwinden der Schlange verantwortlich sein.

Dieses Aufsteigen von *Ich bin* ist von Anbeginn die primäre Ignoranz. Komm zurück von Samsara, wende dich ab von den Objekten, von Aktivitäten, vom Mind und den Sinnen! Komm zurück zum *Ich,* der ersten Aktivität des Verstehens!

Bewusstsein selbst wollte verstehen und erhob sich wie eine Welle im Ozean. Diese Welle, dieses Samsara, hört auf, sowie wir mit dem Verstehen aufhören. Mit diesem Entschluss, aufzuhören, wirf das primäre Verstehen fort, aus dem *Ich bin* aufsteigt, das gleichbedeutend ist mit Mind, Ego, Objekten und Samsara!

Verstehe einfach überhaupt nichts. Wie? Sei still! Stillsein bedeutet keine Aktivität. Es ist ja deine Natur. Dieser Weg ist kein Weg. Aktivität kommt von einem unruhigen Mind. Wenn der Mind in Ruhe gelassen wird, ist der Ozean nicht aufgebracht. Es gibt keine Welle. Bewusstsein ist allein Bewusstsein. Es ist absolute, perfekte Grenzenlosigkeit. Makellose Unergründlichkeit. Du kannst es nicht verstehen und nicht beschreiben. DAS ist *Bewusstsein, Existenz, Glückseligkeit.*

Es ist bereits hier. Was geschaut wird, ist das Ergebnis dieses Lichtes, dieser Schönheit. Die Sonne scheint wegen dieses Lichtes. Wenn es eine Kerze gibt, an der sich hundert weitere entzünden, so können diese Kerzen wohl verschieden sein, die Flamme aber bleibt dieselbe.

Wie unterscheidet sich denn die Flamme der ersten Kerze von der der letzten? Unglücklicherweise schauen die meisten nicht auf die Flamme; stattdessen zählen sie die Kerzen. Du siehst so viele individuelle Dinge, nur die Flamme siehst du nicht.

Bewusstsein ist die ursprüngliche Flamme. Mit Bewusstsein siehst du alles, wie in einem Spiegel. Ein sehr kleiner Spiegel kann Berge widerspiegeln, die Wälder und den Himmel. Schaust du auf den Spiegel, der dir innewohnt, dann kannst du alles sehen.

Alles, was du siehst, ist deine Projektion als Träumender. Wann auch immer du etwas siehst, dann träumst du. Wenn du nichts siehst, bist du wach.

Mannigfaltigkeit ist ein Traum. Du kannst im Augenblick aufwachen. Wie? Versetze deinen Mind nicht in Erregung! Lass die Welle *Ich bin* nicht aufsteigen! So wie sie aufsteigt, kann sie auch wieder verschwinden.

Du hängst inzwischen so an diesem lang anhaltenden Traum. Deshalb sind Leiden da und Anspannung. Hier und da werden sich einige entscheiden: „Genug." Und es wird ein Verlangen aufsteigen: „Ich will frei sein." Dieses Verlangen unterscheidet sich in keiner Weise von Bewusstsein oder Freiheit. *Ich bin* löst sich wieder in die Freiheit auf, von wo es kam.

Die Trance des Mind beginnt mit einem nicht aufgestiegenen Gedanken. Dieser Gedanke steigt schließlich auf. Nicht Aufgestiegenes muss aufsteigen. Denn auch die Welle im Ozean war vorher nicht aufgestiegen.

Schau dir also die nicht aufgestiegene Welle an. Wellenloser Raum. Schau genau hin, bevor es aufsteigt, und beschneide es gleich im Keim! Ich möchte, dass du der Welle nicht gestattest, aufzusteigen. Bevor sie aufsteigt, ist es ein nicht aufgestiegener Gedanke. Der Gedanke muss aufsteigen ... dann steigt er auf ... dann ärgerst du dich, richtig? Er vergeht, und dann kommt ein anderer. Zuerst unterschwellig, dann steigt er auf, dann fällt er. Das ist der Prozess des Lebens. Das zu erkennen heißt, der Trance des Mind Einhalt zu gebieten.

Lade jetzt sofort einfach einen nicht aufgestiegenen Gedanken ein! Warum? Damit du die Räuberhöhle sehen kannst und weißt, woher sie kommen, die Banditen, um zu stehlen und dein Haus zu verwüsten. Hol einen Gedanken herauf, jetzt!

(Stille)

Jetzt lade einen Gedanken ein! Lass einen Gedanken kommen! Und was geschieht? ... So geht das. Genau so hältst du den Gedankenstrom in Schach. Das ist Wachsamkeit. Das ist Achtsamkeit. Das lasse zu deiner Gewohnheit werden! Und es wird eine natürliche Angewohnheit. Darüber hinaus ist es auch natürliches Glücklichsein. Es kostet dich nichts.

Wenn du einem Gedanken gestattest, aufzusteigen, hast du Probleme. Dann entsteht ein Kreislauf von endlosen Problemen. Wenn du nicht wachsam bist, wird er aufsteigen, und dieses Aufsteigen heißt Samsara. Verstehst du?

Und wenn du nach dem Gedanken Ausschau hältst? Nirvana. Einfach. Schau dich nach ihm um – wo ist Samsara? *(lacht)* Wenn du das hier weißt – wo ist Samsara? Und wenn du es nicht weißt: – endloses Samsara.

Wenn du Samsara loswerden willst, willst du Freiheit. Tu es! Darin liegt ein gewisses Geheimnis. Wenn du es tust, kommst du darauf. Und wenn du darauf kommst, dann erzählen wir es einander. Sonst – wenn ich es dir sage, bevor du es selbst entdeckt hast – stimmst du mir möglicherweise nicht zu.

Tu es zuerst und dann sag mir das Geheimnis! Grab dir weiter einen Weg durch nicht aufgestiegene Gedanken und sieh, was passiert!

Ich bin in der Räuberhöhle. Alles ist Licht und Aktivität.

Ja, okay. Dann geh weiter! Geh weiter nach *innen!* Eigentlich ist es ein wunderschöner Tanz. Es ist eine Romanze. Ich spreche von Glückseligkeit. Alles vereint – Existenz, Wissen, Glückseligkeit, Bewusstsein – zusammen tanzend. Fang einfach an und sieh dich um!

Die Höhle wurde zu einer Welle.

Sehr gut, sehr gut. Noch weiter, darüber hinaus. Noch weiter darüber hinaus.

Da ist nichts.

Das ist es. Jetzt hast du's. Bleib da!

Ich fühle mich so unwürdig, wie ein Lügner, weil ich schon so viele Erfahrungen hatte, aber immer noch kommt der Mind zurück.

Hast du den Mind denn wirklich gesehen? Er ist ein Geist. Er existiert nicht wirklich. Sobald du etwas begehrst, erhebt sich dieser Geist, der Mind. Wenn du etwas begehrst, dann wird dich dieser Mind-Geist quälen. Wirf das Verlangen weg – und wo ist Mind?

Wo Verlangen ist, ist Ärger. Du kannst sehr gut ohne den Mind leben. Ohne den Mind bist du weise, mit ihm bist du dumm. Verlange nach nichts, und du bist Herrscher über dieses Reich. Du bist Frieden, Schönheit und Liebe. Weise den Mind eine Zeit lang zurück und sieh, was geschieht!

Am Abend gehst du eine Straße entlang; du siehst eine Schlange und du hast Angst. Du hebst einen Stock auf und schlägst auf sie ein. Sie bewegt sich nicht und du siehst, dass es ein Seil ist. Deine Angst ist weg und du wirfst den Stock fort.

Fragst du den Mind: „Wer bist du?", wird er verschwinden. Sieh dir die Schlange des Mind an und entdecke, ob sie real ist! Gedanken sind Hindernisse, die dich davon abhalten, dein eigenes Gesicht zu sehen. Lass keinen Gedanken aufsteigen und entdecke, wer du bist!

Die letzten fünf Tage hatte ich einen immer wiederkehrenden Traum vom Fallen. Aus einer großen Höhe fallen, in den Ozean fallen, und ich wache auf und habe Angst. Hat das mit dem zu tun, was hier vor sich geht?

Das sind latente Vasanas, Verlangen und Tendenzen im unbewussten Mind. Durch Meditation, Verständnis oder Selbstbefragung werden sie nach oben gespült. Auf dem Boden ist es schlammig, das Wasser darüber erscheint aber klar. Wenn du den Schlamm aufrührst, was passiert dann? Die Selbsterforschung bringt die Dinge hoch. Wenn sie aufgerührt werden, kommen sie zunächst ans Licht, dann verschwinden sie.

Jetzt weißt du um das, was da ist, von dem du zuvor nicht gewusst hast, dass es da war. Wenn du meditierst, wird der verborgene Schlamm, all das Zeug, das im unbewussten Mind lag, nach oben gespült. Du warst dir dessen nie zuvor bewusst. Es lag wartend dort, um später, wenn langsam seine Zeit gekommen wäre, deine nächste Inkarnation zu werden.

Jetzt ist es durch die Meditation aufgerührt worden, durch die Ruhe des Mind. Es wurde gestört. Es kommt hoch und was nach oben kommt, verschwindet. Jetzt kannst du den Schmutz sehen. Wirf den Schmutz hinaus!

Oder ansonsten mach weiter wie bisher, wie alle anderen! Niemanden kümmert es. Das nennt man den Kreislauf von Geburt und Tod. Wenn du diese verborgenen Tendenzen (Vasanas) nicht aufrührst, erlaubst du ihnen, auf den Boden zu sinken. Dann fährst du fort und sammelst neue Begierden an, und du sammelst und sammelst, immer mehr und immer weiter. Dieser Kreislauf wird nie enden.

Im nächsten Leben werden die Begierden, die auf dem Grund liegen, die ersten sein, die sichtbar werden. Dann werden neue auf den Boden sinken. Das ist der Kreislauf von Geburt und Tod.

Du musst hinterfagen: „Wer bin Ich?" Dieses Erforschen wird alles verzehren und alles verbrennen, was im Weg steht.

Die Zukunft wird nicht eintreten, wenn der Mind rein ist. In der Zukunft wird der Grund nicht schmutzig sein. Alles ist aufgerührt, nach oben gekommen und verbrannt worden. Gegenwart wird bleiben. In der Gegenwart bist du nicht der Handelnde, wenn du weißt, wer du bist. Deshalb wird die Aktivität des Handelns keine Spuren hinterlassen. Deshalb gibt es keine Verbindung mit Vergangenheit oder Zukunft. Und zwischendrin, was siehst du?

Jetzt.

Ja. Der Mind führt dich immer in die Vergangenheit ... vergangener Genuss und vergangene Gewohnheiten. Dann kaust du auf den alten Gewohnheiten herum. Neu ist nur, dein eigenes Gesicht kennen zu lernen, und zwar *jetzt.* Das ist der Herzensmut. Wenn du *hier* bleibst, hast du den Ozean überquert. Deine Arbeit ist getan.

Diese letzte Woche war sehr hart. Ich bin getestet worden, und das war nicht leicht.

Ja, sehr gut. Millionen von Jahren hast du geschlafen und bist beraubt worden. Da hast du dich nicht beschwert, dass es hart war. Genauso wie sich ein Betrunkener, der in der Gosse liegt, auch nicht beschwert. Aber wenn du von Reinheit umgeben bist, bemerkst du jeden kleinen Fleck, und es stört dich. Ein Betrunkener liegt wer weiß wo, und es ist ihm egal.

Alles was im Mind verborgen lag, kommt jetzt hoch. Dieser Satsang rührt es auf. Alle diese Neigungen werden hochkommen, um dich zu verlassen. Ansonsten häufst du zu diesem Staub nur noch weiteren Dreck an und sammelst wieder und wieder Begierden an.

Jetzt hast du dem Verlangen ein Ende gemacht. Das angesammelte Lagerhaus muss nach oben kommen, wenn es die Umstände erlauben. Die Tendenzen müssen nach oben steigen, um zu verschwinden, weil du ihnen keine Chance zum Spielen einräumst. Du bist schon anderweitig gebunden. Das ist die „harte Zeit", von der du sprichst.

Sofern du nicht nach Freiheit strebst, wird die Zeit nicht hart sein. Du lebst so, wie nahezu sechs Milliarden Menschen leben. Einer wählte einst ein hartes Leben. Er war ein Königssohn vor 2.600 Jahren. Was hat ihm wirklich genützt: das harte Leben oder das leichte? Er hat das leichte Leben hinter sich gelassen. Er wandte seiner Familie und seinem Königreich den Rücken zu und ging auf das harte Leben zu. Er legte das Königsgewand ab, nahm sich eine Bettelschale und öffnete sich dem harten Leben. Unter Milliarden von Menschen erinnert man sich seiner immer noch ... und du beschwerst dich schon nach einer Woche.

Wende dich dem Selbst, dem Atman zu, und du bist sicher! Schau zurück, und du bist verloren! Wende dich dem Selbst zu, und wer kann dich brechen? Vierundzwanzig Stunden lang, unablässig. Wenn du liebst, müssen es vierundzwanzig Stunden sein. Du sagst nicht: „Ich liebe dich dreiundzwanzig Stunden, und für eine Stunde stehle ich mich hinaus in den Rotlichtbezirk."

Wenn du von einer harten Zeit sprichst, musst du dich abgewendet haben und woanders hingegangen sein. Dies ist dein Zuhause. Wie kann es zu Hause schwer sein? Wer ist denn nicht glücklich zu Hause?

Wir sprechen von Ekstase, Frieden, Liebe und Glücklichsein. Das kannst du nirgendwo auf dieser Erde finden. Du kannst auf Pilgerfahrten gehen, in die Kirchen, in die Täler und in die Berge. Selbst Götter haben keinen Frieden. Sie suchen am falschen Ort. Sie suchen in Zementblöcken. Egal, in welche Richtung du gehst, nirgendwo wirst du Frieden oder Glücklichsein oder Liebe finden.

Hör auf mit alledem! Verschwende keine Zeit! Bleib, wo du bist! Dies ist das Dharma, das dir helfen wird. Alles andere ist Adharma, Sinne und Körper.

Bleib, wo du bist und finde heraus: „Wo ist der Frieden?" Am allernächsten. Näher als deine eigene Netzhaut. Der Mind hat euch fünfunddreißig Millionen Jahre lang zum Narren gehalten, meine lieben Kinder. Ihr seid betrogen worden. Hör auf damit, jetzt! Sieh hier und jetzt, wer du bist! Augenblicklich wirst du Frieden finden, und dieses Leiden – von Geburt zu Geburt, per Anhalter von Schoß zu Schoß – wird augenblicklich enden. Der einzige Weg ist, nach innen zu schauen.

Gemachte Erfahrungen haben dir keinen Frieden geschenkt. Wo kein Erfahrender ist, ist auch keine Erfahrung. Verschwinde also! Erfahrenes, Erfahrung, Erfahrender – lass sie allesamt jetzt verschwinden!

Du näherst dich dem an, was den Sinnen unbekannt ist. Jetzt musst du den Mind, der dich all die Jahre betrogen hat, überlisten. Jetzt bist du dran.

Stell den Mind zur Rede: „Wer bist du? Du hast mich betrogen. Jetzt habe ich den Dieb gesehen, und zwar durch die Augen, die Ohren, die Nase, die Zunge und durch Berührung. Jetzt habe ich gesehen, wer dieser Unruhestifter war. Von jetzt an werde ich nicht mehr auf dich hören. Ich werde es selbst tun."

Brich die Beziehungen zum Mind ab! Dann bist du allein übrig. Dein Mind hat dir Ärger gemacht. Deine Kirche und deine Gesellschaft haben dir Ärger gemacht. Dein Land hat dir Ärger gemacht. Aufgepasst, Mind, genug! Bleib allein mit dir und finde es jetzt heraus! Sieh dich um! Für eine Weile berühre nichts und niemand, nichts, das du gekannt, gesehen, gehört oder berührt hast!

Die meisten Religionen machen dir etwas vor. Die meisten Religionen betrügen die Armen. Sie versprechen: „Wenn du das tust, kommst du in den Himmel." Hör nicht darauf! Finde heraus, wo Himmel ist! Der Himmel wird zu dir herabsteigen.

Bleib für dich allein! Erlaube dir nicht, von irgendjemandem berührt zu werden! Wenn du den Mind loslässt, wird dich der Mind verlassen. Deine Begierden werden zurückweichen, deine Vorstellungen werden fortgehen, dein Verlangen wird sich auflösen, deine Ideenbildung wird weggehen. Alles wird weggehen.

Was wird jetzt geschehen? Wenn du alles Bekannte zurückgewiesen hast, steht das Unbekannte vor dir. Wenn du das Begehren und Verlangen nach dem Bekannten aufgegeben hast, ist das, was übrig bleibt, unbekannt. Du bist unbekannt geworden und gehst im Unbekannten auf, weil sie identisch sind.

Deine Identität mit dem Bekannten hat dir bisher Probleme gemacht. „Das bin ich und das ist meins." Vielleicht gelangst du vom Unbekannten in die Leerheit, und aus dieser Leerheit heraus siehst du, dass diese ganze Projektion dein Spielplatz ist.

Niemandem gegenüber hegst du Hass. Dies ist der Bereich der Liebe. Du wirst Leute treffen, die du zuvor lediglich gekannt hast, und jetzt liebst du sie. Du wirst ihr Selbst und sie werden dich lieben. Das ist der Trick des Lebens. Du wirst Freude haben am Leben. Dieser Planet wird zum Himmel werden. Was immer du siehst, du wirst Schönheit sehen. Was immer du hörst, du wirst die Musik deines eigenen Selbst hören, dein eigenes inneres Licht schauen. Was immer du sprichst, du wirst Sutras sprechen, Weisheit. Das muss genau in diesem Augenblick geschehen. Hege keinen Zweifel! Zweifel kann dir nicht helfen.

Dieses ist die Romanze, die Liebesbeziehung, mit deinem eigenen Selbst. Niemanden betrügen und von niemandem abhängig sein. Bis jetzt hast du vergängliche Dinge geliebt. Jeder ist vergänglich und sieht dem Tod ins Auge. Wie kannst du einen Leichnam lieben? Wie kannst du lieben, was nicht ewig ist, nicht dauerhaft, nicht Liebe und nicht immer währende, bleibende Ewigkeit selbst?

Finde heraus, wer dein Freund ist! Was ist intimer als die Ewigkeit? Wenn du lieben willst, dann liebe die Ewigkeit! Sie ist deine eigene Natur. Sie ist deine eigene Mutter. Wenn du sie vergisst, gehst du mit anderen. Du bist auf Kicks aus und läufst ihnen woanders hinterher.

Deshalb halte für einen Moment inne! Alles wird dir gegeben werden. Wenn du in dein Land zurückgehst, liegt es in deiner Verantwortung, allen zu helfen. Sobald dir etwas gegeben wird, weißt du, dass du die Liebe hast; du hast die Wahrheit gesehen, von Angesicht zu Angesicht. Sei ein Repräsentant der Wahrheit! Nicht auf der Ebene von Mensch zu Mensch. Allein durch die Wahrheit kannst du den Menschen dienen. Geh von Tür zu Tür und gib ihnen Liebe! Sag ihnen, dass du glücklich bist, in Frieden, in Liebe! Sie alle sind deine Verwandten, dein eigenes Selbst.

Das gilt nicht nur für menschliche Wesen. Du wirst dasselbe Leben sehen, welches in Tieren und Bäumen wirkt, dasselbe

Leben in Steinen. Du kannst selbst zu Steinen sprechen. Wo immer du hinschaust, schau mit Liebe, und Steine werden dir antworten, Tiere werden dir antworten und Menschen werden dir antworten.

Zuerst löst du dich auf, in die Wirklichkeit hinein, in Wahrheit. Das wird dann so anziehend sein, dass sich alle zu dir hingezogen fühlen. Du wirst so schön sein, weil du nichts beanspruchst. Schönheit begehrt nichts. Das innere Licht wird leuchten und das ist es, was wirken wird. Nicht du bist es, der wirkt, noch jemand anders.

Das innere Licht, die innere Weisheit sind deine Führer. Du siehst es nicht und deshalb glaubst du es nicht. Wenn etwas Gutes oder etwas Großartiges passiert, dann sagt man in der Regel: „Ich habe das getan." Und wenn es schief geht, gibst du Gott die Schuld. Das ist Anmaßung, Arroganz.

Das hier ist eine ganz einfache Angelegenheit. Schieb es nicht auf! Du kannst es hier und jetzt tun.

Da ist etwas, das ich nicht verstehe. Für gewöhnlich habe ich in meinem Leben eine Menge Energie, um Dinge zu erschaffen und zu tun. Es ist jetzt das zweite Mal, dass ich hier bin. Mir ist, als hätte ich eine Droge genommen – es ist schön, aber den ganzen Tag bin ich völlig fertig. Sind all meine Energie und Kreativität nichts als Mind?

Ja. *(enormes Lachen)*

Aber ich kann doch nicht den ganzen Tag im Bett liegen?

Es ist deine Energie, die dich hierherbringt. Bist du hier angekommen, ist dieselbe Energie ruhig.

Aber wie soll ich etwas erledigen, tun?

Du wirst alles wunderbar erledigen, indem du es nicht *tust.* Du bleibst einfach ruhig. Etwas anderes in dir wird die Führung übernehmen. Schau einfach, was geschieht, und sei still!

Du bleibst nicht still, deshalb hast du all den Ärger. Sei einfach still und lass etwas von innen her aufsteigen: den Frieden, den du noch nie zuvor erlebt hast! Sei eine Zeit lang still und es wird sich offenbaren! Das ist mein Rat.

In der Gita sagt Krishna, dass für jede Bewegung eine gewisse Anstrengung benötigt wird – sogar um zu essen.

Es wird im Allgemeinen nicht verstanden, was Krishna meinte. Sehen bedarf der Anstrengung. Essen bedarf der Anstrengung, aber es ist *Krishna,* der spricht. Es ist durch Krishna, dass jede Anstrengung geschieht. Du isst, die Hände bewegen sich, die Zunge bewegt sich, du kaust, du verdaust. Durch welche Kraft bewegt sich die Hand, durch welche kaut der Mund und so weiter?

Ich sehe. Krishna tut das alles. Also sollte ich das Seil abbinden und Krishna das …

Sogar Krishna ist ein Seil. *(Lachen)*

Jede Form und jeder Name ist ein Seil. Was aber ist das, das *kein* Seil ist? Es muss dein eigenes Bewusstsein sein. Du benötigst diese Seile nicht und Krishna wusste das sehr wohl.

Krishna ist gleichbedeutend mit *unberührt.* Ein jeder ist unberührt. Du träumst, und im Traum verliebst du dich in ein Mädchen. Ihr feiert eure Hochzeit, du lädst Freunde ein, und dann wachst du auf. Du bist unberührt. Du hast nichts zu tun mit diesen Festivitäten. All das war ein Traum. Deshalb wach auf, wache auf! Dein Haus brennt lichterloh von allen Seiten. Schlaf nicht! Wach auf!

Was ist Aufwachen? Feste Verankerung im Selbst, durch das Selbst, mit dem Selbst, für das Selbst. Das Selbst ist unberührt. Absolut unberührt. Diese Manifestation ist dein Lila – dieser Brahma, Vishnu, Mahesh (Siva) ist dein Lila.

Wenn du nicht aufwachst, trägst du unerfüllte Begierden mit dir herum. Wenn du nicht aufwachst, schleppst du dieses Bündel, dieses Gepäck voll von unerfülltem Verlangen, und um das Verlangen zu stillen, suchst du dir noch einen Schoß für die nächste Wiedergeburt.

Wie soll man also mit unerfülltem Verlangen umgehen? Manche Lehrer schlagen vor, dass du dir deine Begierden erfüllst. Also liest du ein Verlangen auf, um es zu stillen, und aus dieser Beziehung, die mit der Befriedigung dieses Verlangens einhergeht, entstehen Hunderte von anderen Begierden. Diese reihen sich dann auch noch in die Schlange ein.

Sobald du eine Beziehung oder eine Verbindung mit einem Verlangen und dessen Objekt unterhältst, zieht das mehr und mehr Begierden nach sich. Du kannst dich nicht mit einem Verlangen beschäftigen und es gänzlich stillen. Es geht nicht. Stattdessen vermehren sich die Begierden um Millionen anderer, die alle ebenfalls vor dir stehen. Niemand hat das Verlangen je gestillt, indem er es befriedigte.

Entsagung also?

Was hast du denn, dem du entsagen willst? Was gehört dir denn, dem du entsagen könntest?

All diese Begierden.

Diese Begierden sind nicht deine Natur. Sie gehören dir nicht.

Sie sind aber da.

Wenn sie da sind, geh ihnen nach und befriedige sie, eine nach der anderen – oder lass sie fallen. Schau, was am besten ist!

Hast du einen gesehen, einen von den sechs Milliarden Menschen, der seine Wünsche und Begierden erfüllt und damit gestillt hätte? Ist dir auch nur ein Mensch begegnet, der gesagt hätte: „Ich bin zufrieden, ich spüre kein Verlangen mehr. Ich habe meine Begierden alle gestillt" – nur einer, vom König bis zum Bettler?

Was soll man denn tun?

Der weise Mann erkennt, dass es das Fallenlassen des Verlangens ist, das gleichbedeutend ist mit dem Stillen des Verlangens. Wenn du nämlich ein Verlangen aufgreifst, um es zu befriedigen, wird dich das auf Dauer nicht glücklich machen; und dann greifst du ein anderes Verlangen auf; und wiederum macht es dich nicht glücklich.

Um ein Verlangen wirklich gestillt zu haben, musst du glücklich sein. Liebe brauchst du und Glücklichsein. Lass – nur für diesen Moment – das Konzept fallen, dass du glücklich sein würdest, wenn du dir ein Verlangen erfüllst! Lass sie alle einmal warten! Entledige dich aller Begierden, allen Verlangens – und wo wirst du im nächsten unmittelbaren Moment hineinspringen? Ist es Leiden oder ist es Glücklichsein?

(Pause)

Wir reden von Entsagung. Entsage vorläufig, nur für diesen einen Moment! Entsage – zum Ausprobieren! Du kannst dir das Gepäck später wieder aufladen, es macht nichts. Widme *dir* in diesem einen Moment etwas Zeit. Falls es dir nicht passt, kannst du umkehren. Unterhalte nur vorübergehend keine Verbindung mit dieser Warteschlange von Begierden.

Wenn diese Warteschlange unterbrochen wird, gilt das auch für die zukünftige Warteschlange, weil die Zukunft die Vergangenheit selbst ist. Du kannst nicht an die Zukunft denken, ohne in der Vergangenheit zu sein. Unterhalte also keinerlei Verbindung mit der Vergangenheit oder der Zukunft. Nur für einen Moment. In genau diesem Augenblick. Nur eine Sekunde deiner achtzigjährigen Lebensdauer – verwende nur eine Sekunde darauf und sieh, was dabei herauskommt! Sieh selbst!

In diesem Moment ist nichts da.

Okay. Dann hast du's getan. Ich bin sehr froh. Dann kann ich mit dir reden, wenn du's getan hast.

Dieser Moment steht in keiner Verbindung zu der vorherigen Warteschlange, zum vorherigen Moment. „In diesem Moment", sagtest du, „ist nichts da". Wenn nichts da ist, wo ist dann das Leiden? Leiden ist da, wenn du bei jemand anderem bist. Leiden ist da, wenn jemand anderer da ist. Nur dann, weil dann Furcht vor Trennung existiert. Wenn du einer Person begegnest, wenn zwei da sind, dann sind Angst und Leiden da. Warum? Trennung.

Wenn du sagst: „In diesem Moment ist da nichts", bleib in diesem Moment! Schau dich um und sag mir: Ist es ein Moment des Friedens und der Schönheit oder nicht?

Alles ist ruhig. Aber ich kann im Hintergrund immer noch die Angst fühlen, dass die alten Begierden wieder zurückkommen.

Das bedeutet, dass du etwas Besseres haben wirst als diesen Moment, der Frieden schenkt.

Besser?

Etwas anderes wird kommen, und schon springst du aus diesem Frieden heraus und in etwas anderes hinein, das sich bereits in die Warteschlange eingereiht hat. Und zwar in die Schlange, die du zuvor zurückgewiesen hattest, weil sie dir keinen Frieden brachte. Wirst du denn so närrisch sein und diese Liebe, diesen Frieden für etwas anderes hergeben? Sogar Könige, mein

Lieber, haben ihre Königinnen verlassen und um dieses Friedens willen ihre Schätze und ihr Königreich zurückgewiesen. Sie gingen in den Wald. Warum wohl?

Wie kannst du sagen, in diesem Moment liege Ruhe und Frieden, und dann willst du in den Müll zurück?

Ich weiß es nicht.

Wenn du es nicht weißt, dann hast du Das nicht berührt. Diesen Moment, von dem ich sprach, den hast du nicht berührt. Unterhalte keine Beziehung mit der Vergangenheit, keine Beziehung mit der Zukunft und schaue dich selbst im Zwischenraum!

Du hast es intellektuell verstanden. Es gilt nicht, zu verstehen – es gilt, hineinzuspringen.

Für das Verlangen brauchst du einen Körper und du brauchst andere Körper. Du sitzt auf einem brennenden Baum. Es ist nicht sicher für einen Vogel, auf einem brennenden Baum zu sitzen. Wenn ein Baum in Flammen steht, wird ihn jeder Vogel verlassen und von ihm wegfliegen. Wie kannst du sitzen bleiben, wenn um dich herum alles in Flammen steht? Wie kommt es, dass du das Feuer nicht siehst? Du schläfst. Wach also auf!

Lust, Zorn und Begierden sind das Feuer. Konnte irgendjemand diesem Feuer je entkommen?

Ich mag die Leerheit, in die du uns während Satsang hineinführst, aber das kann noch nicht alles sein. Buddha und Osho sagten, da sei noch mehr.

Wenn es noch weiter irgendwohin geht, dann ist es nicht endgültig. Endgültig ist hier. Es gibt keine Straße, keine Ortsbestimmung, kein Ziel. Das ist die endgültige Wahrheit.

Du musst nicht reisen, du musst nicht irgendwohin kommen oder irgendwohin gehen. Nichts ist je geschehen. Nichts hat zu geschehen. Nichts geschieht. Das ist die endgültige Wahrheit.

Gäbe es eine Straße, müsste das ein Konzept sein. Ortsbestimmung und Ziel sind Konzepte. Buddha ist ein Konzept. Um das alles zu erschaffen, musst du zunächst deinen eigenen Körper erschaffen. Dann erschaffst du all diese Persönlichkeiten, von denen du sprichst. Zuerst die Erschaffung deines eigenen Körpers, dann die Erschaffung der anderen Körper.

Wo also ist der Mind? Wo kommt er her? Mit dieser Frage zerbricht alles. Keine Wesen, kein Ärger, keine Unfreiheit, keine Erleuchtung und keine Praxis, um Erleuchtung zu erlangen.

Wenn jemand von Unfreiheit redet und von Wegen, durch die man Erleuchtung erlangt, dann weiß ich davon nichts. In Wirklichkeit darf es weder von einem Körper noch von irgendeinem Wesen ein Konzept geben.

Wenn der Mind aufsteigt, steigt alles auf. Der Buddha wird aufsteigen, der Bodhibaum wird aufsteigen, und Erleuchtung wird aufsteigen. Finde heraus, wer der Buddha ist!

Welche Faktoren gilt es auf die göttliche Wohnstätte von Sein, Bewusstheit und Glückseligkeit zu lenken?

Diese Faktoren sind Mind, Atem und Intellekt. Das ist alles, was du hast. Jeder weise Mann weiß, dass diese Faktoren entweder Frieden oder Leiden bringen.

Wenn sie auf etwas Unreales gelenkt werden – Objekte, die vergänglich sind, nicht dauerhaft, nicht real –, dann gibt es Leiden. Letztendlich werden sie, in welche Richtung sie auch immer gehen, doch nur *Sein, Bewusstheit* und *Glückseligkeit* finden.

Wenn du dich an ein äußeres Objekt heftest, sind es die Glückseligkeit oder der Frieden, die du eigentlich suchst. Du findest sie dort aber nicht, weil dieses Objekt eben die Schöpfung, das heißt, die Widerspiegelung deines eigenen Mind ist. In Wirklichkeit existiert es nicht.

Angenommen, du siehst deinen eigenen Schatten und du verliebst dich in ihn. Es wird nichts nützen. Du musst das wahre Sein finden und es auf seinen eigenen Ursprung richten. Dann sind Frieden, Glückseligkeit und Bewusstheit gegenwärtig.

So wie die auf eine Wand gemalte Sonne dir nicht leuchten kann, werden dir auch Reflexionen deines eigenen Mind, manifestiert als externe Objekte, niemals Frieden bescheren. Für das Licht musst du dich der Quelle zuwenden, nicht einem gemalten Bild von der Sonne oder einer Kerze.

Mind, Atem und Intellekt müssen auf ihren Ursprung gelenkt werden. Nur und erst dann gibt es Frieden und Rast.

Dann nehmen *Sein, Bewusstheit, Glückseligkeit* die Form des Gurus an, die Form des Lehrers, des Meisters, der dir das Wissen um das Selbst vermitteln kann. Einen anderen Lehrer als *Sein, Bewusstheit, Glückseligkeit* kann es nicht geben.

Wenn du dich hiervon trennst, gabelst du ein Objekt auf. Durch Objekte kannst du keinen Frieden, keine Liebe und keine Freiheit erlangen.

Wie ist es dann anzustellen? Du musst dich dem Ursprung zuwenden; da wo die Glückseligkeit ist, wo der Frieden ist, wo das Sein ist. Dazu musst du dich von deinen reflektierten, projizierten Bildern abwenden.

Wie geht das? Bleib einfach still! Gereinigter Intellekt. Keuscher Intellekt. Ein gereinigter Mind wird fähig sein, zu seinem Ursprung zurückzukehren. Wenn du mit Objekten beschäftigt bist – „Ich will dies und das" –, führt dich das vom Ursprung weg.

Was du wirklich willst, ist Frieden und Liebe. Woher du kommst, das ist, wohin du zurückkehrst und wo du bist. Lediglich dein verrückter Mind, der unreine Intellekt und Vasanas machen dir Ärger. Du musst still und ohne Regung im Satsang deines eigenen Selbst sein. Bring den Mind zur Ruhe, halte den Intellekt sehr scharf! Ein vergifteter Intellekt wird niemals verstehen.

Denke nicht! Dann wird dein eigenes Atman, Paramatman (das erhabenste göttliche Selbst) als dein eigener Guru handeln – und du bist niemand anderer als er. Du denkst nur so aufgrund der Verblendung, die besteht, weil die alten Gewohnheiten seit Millionen von Jahren ihr Spiel treiben. Jetzt ist es genug! Lasst uns nach Hause zurückkehren!

Wenn ich dich sagen höre: „Lass alle Namen und Formen fallen!", gerate ich in Panik.

Warum gerätst du in Panik?

Weil ich versuche, es zu begreifen. Ich denke, ich müsste es tun.

Nein, nein. Es gibt zwei Arten von Panik. Die eine bereitet dir Schmerzen, weil du Name und Form verlierst und du an Namen und Form festhalten willst.

Eine andere Art von Panik kann auftauchen, wenn du hörst, dass du weder Name noch Form bist. Welche Art ist es? Hast du Angst zu hören, dass du formlos bist?

Ja. Ich glaube, ich habe Angst, darin zu sterben ...

Okay, jetzt ist es klar. Du hast Angst, dass du, wenn du keinen Namen und keine Form hast, sterben wirst. Dann entsteht Panik.

Wenn du dich nachts schlafen legst, tritt dann Panik auf, wenn du alle Namen und Formen hinter dir lässt? Sagen wir, du gehst um 11 Uhr abends schlafen. Um 10:59 Uhr und 59 Sekunden, geht es dir da gut? Keine Panik?

Vielleicht bist du bei guten und geliebten Freunden, inmitten schöner Natur mit Wasserfällen und Wäldern. Vielleicht schläfst du sogar im selben Bett, aber jetzt werdet ihr euch trennen. Nicht nur von Freund und Körper trennen, sondern sogar von allen Namen und Formen.

Warum schläfst du? Weil es dir Erholung bringt, Seelenfrieden. Wenn du dich einige Nächte hintereinander nicht ausruhst, wirst du irgendwo sein, aber sicher nicht im Satsang. Wenn du nicht schläfst, wenn du diesen formlosen Zustand mehrere aufeinander folgende Tage nicht ausnützt, wird dein Mind sehr verstört sein. Deshalb musst du schlafen. Das bedeutet, dass du Name und Form vergessen musst. Am Morgen sagst du vielleicht: „Ich habe sehr gut geschlafen. Ich habe überhaupt nicht geträumt. Ich erinnere mich an gar nichts." Wer war sich der Abwesenheit von Name und Form bewusst und ist dennoch froh? Wer hat sich des namenlosen, formlosen Zustands erfreut? „Während des Schlafens," sagst du, „warst du dir über nichts bewusst". Warst du dir über das Schlafen bewusst? Finde es jetzt heraus!

Lass mich dir sagen, wie du dich irrst. Lass mich dir sagen, wie du bis aufs letzte Hemd betrogen und beraubt wirst, jedesmal aufs Neue. Wenn du unablässig denkst, wirst du verrückt. Weißt du das? Leute, die verrückt sind, schizophren, paranoid, denken ständig.

Und dabei gibt es sogar zwischen zwei Gedanken eine Unterbrechung, damit du dich erholen kannst. Was ist diese Ruhepause zwischen zwei Gedanken oder zwei Atemzügen? Die Natur bringt dich ständig zurück, damit du dich erholst und fordert dich auf, dich auszuruhen, du weißt es nur nicht. Du hörst nicht auf den Rat deiner göttlichen Mutter. Erholung ist sehr natürlich, nur schaust du nicht hin.

Ich habe dir drei Punkte genannt: den Schlaf zwischen Träumen und Aufwachen, die Distanz von Gedanke zu Gedanke und die Distanz zwischen Atemzug und Atemzug. Atme also ein, halt an und schau! Einatmen hat aufgehört. An diesem Punkt sag mir, wer du bist! Wer ist die Person, die sich dieses Punktes gewahr ist?

An diesem Punkt entsagst du allem, um dein Selbst zu erkennen. Von der Geburt bis zum Tod hast du für andere gelebt. Sogar schon vor deiner Geburt, da haben dich deine Eltern erwartet. Als du geboren wurdest, gehörtest du schon zu ihnen.

Kannst du nicht einige Augenblicke lang einzig und allein nur für dich selbst erübrigen, nur ein paar Augenblicke? Lass jegliche Definition hinter dir! Unmittelbar nach deiner Geburt wurdest du schon in Besitz genommen. Dann kam ein Priester oder Pfarrer und nahm dich in den Schoß seiner Kirche oder Sekte auf. Daraufhin gehörtest du dieser Religionsgemeinschaft an.

In Wahrheit bist du nicht nur Gottes Sohn, sondern du bist Gott selbst. Wer aber kennt diese Religion? In Wahrheit bringst du überhaupt kein Konzept von Religion mit, du bist reines, makelloses, bewusstes Selbst. Freiheit selbst.

Jemand stülpt dir eine Religion über, und du nimmst sie ganz selbstverständlich an. Du sagst: „Ich bin so und so, ich gehöre dieser Kirche an."

Du bist auf Ewigkeit frei. In Wirklichkeit stehst du weder Kirche noch Sekte nahe. Später wirst du Schüler, Student, dann hast du eine Ehefrau, dann Kinder und bist Mutter. Dann kommt der Lebensabend. Wenn du krank wirst, sagt der Arzt: „Du bist mein Patient."

Schließlich kommt der Tod. Und dann beanspruchen dich selbst die Trauernden: „Das ist meine Leiche." Was für ein Witz.

Danach kommt das Grab. Während dieser ganzen Zeitspanne deines Lebens hast du nicht einen einzigen Moment der Zeit nur für dich, nur mit dir selbst verbracht. Wie kannst du glücklich sein? Deshalb findet Samsara hier statt. Und es wird bleiben. So real wie irgendetwas. Denn bedenke, dies ist deine eigene Projektion. Dies ist dein eigener Geist. Einem Kind kommt ein Geist sehr real vor, nicht einem weisen Menschen. Der Geist von Samsara ist wahr. Dieses Leiden ist wahr.

Schließlich und endlich musst du eine Entscheidung treffen. Diese menschliche Geburt ist ein Glücksfall. Wie viele Ameisen gibt es? Wie viele Fische, wie viele Moskitos? Nur sechs Milliarden Menschen. Und von sechs Milliarden werden sich nur sehr wenige nach Freiheit sehnen. Andere gehen verloren.

Die wenigen, die es nach Freiheit verlangt, kommen zum Satsang. Dann beschließen einige von ihnen: „Warum nicht ein wenig auf der Straße tanzen?“ Dadurch verlieren sie ihre Entschlusskraft wieder. In diesem Spiel verlieren sie, weil ihre Entscheidung nicht richtig war. Ihre Wahl war keine gute Wahl. Nicht stark. Diese Wahl muss eine sehr starke Wahl sein, dieses: „Hier und jetzt muss ich Freiheit gewinnen.“

Ich gebe dir keine schwere Arbeit als Aufgabe. Ich gebe dir keine Sadhana oder sonstige Praktiken. Ich gebe dir kein Buch, nach dem du lernen sollst. Sei einfach nur still! Das ist alles. Und wenn du keine Freiheit erlangst, dann komm zu mir und beschwere dich! Komm zu mir und beschwere dich bei mir und sag mir: „Ich war still und es hat nicht funktioniert.“ Okay?

Immer wenn du beginnst, etwas zu tun, muss irgendein Verlangen da sein, das im Mind lauert.

Ich sehe also die Wäscher beim Wäschewaschen. Wie bekomme ich meinen Mind sauber?

Willst du eine Waschmaschine für deinen Mind? *(Lachen)*

Ja.

Satsang ist diese Waschmaschine. Satsang hat zum Ziel, die Überreste deines Karmas zu verbrennen, die dich ohne Ende in den Kreislauf von Geburt und Tod zurückziehen.

Wenn dieser Prozess abgeschlossen ist, bleibt da immer noch ein gewisser Teil, der zusieht, wahrnimmt. Irgendein Geist, der noch entfernt werden muss.

Aus dem Inneren des Bewusstseins steigt die Idee auf: „Ich bin konditioniert.“ Konditioniert in der unkonditionierten Grenzenlosigkeit. Selbst in den Tiefen musst du noch tiefer gehen. Unergründlichkeit bedeutet, du musst noch tiefer eintauchen. Wenn du alles entfernt hast, stößt du auf einen ursprünglichen, dunklen Punkt.

Einmal war Mind selbst unkonditioniertes Bewusstsein. Konditioniertes Bewusstsein ist immer noch Bewusstsein. Mind und Bewusstsein haben dieselbe Farbe. Wie also diese Konditionierung entfernen? Wo immer du bist, wird eine gewisse Konditionierung da sein. Egal in welcher Tiefe du ankommst, es wird sich immer noch eine gewisse Konditionierung finden. Welche Konditionierung? Du musst es weiter transzendieren. Du wirst in viele subtile Stadien verwickelt sein. Jenseits von physisch, vital, subtil und so weiter ...

Wie finde ich Intuition?

Für die Intuition tauche in dich selbst hinein! Tauche nach innen, jetzt! Dann erlaube der Intuition anstatt dem Mind zu wirken! Der Mind benötigt Tuition und Tutor, Unterricht und Lehrer. Deshalb wird, wenn du nicht nachdenkst und wenn du den Mind nach innen zu seinem Ursprung zurücklenkst, Intuition (Prajna genannt) aufsteigen und viel besser wirken, als es das Denken kann. Es wird die Führung des Mind übernehmen, die Führung des Intellekts, der Sinne, der Objekte und der täglichen Routine.

Zuerst musst du zurückkehren. Lenke den Mind zum Ursprung und denk nicht nach! Das ist das Rezept für Weisheit, für Intuition.

„Ich werde dieses tun." „Ich möchte das tun." „Ich habe dies beschlossen." Das nennt sich mentale Gymnastik, und es führt zum Leiden. Probier beides aus! Zuerst probier es mit „Ich werde tun"! Sodann lass die Höchste Heilige Kraft – die alle Manifestation hervorbringt, die der Sonne ihr Licht verleiht, die der

Erde ihre Kraft schenkt, die Nahrung wachsen lässt – für dich sorgen!

„Ich kann das tun" ist Arroganz und Stolz. Wenn du zu deiner Göttlichen Mutter, die dich für einen anderen Zweck hierher geschickt hat, nicht zurückkehrst, bist du vom Weg abgekommen. Kein Schaden. Noch ist Zeit. Du kannst es immer noch tun.

Dein unverbrüchliches Verlangen, nach Hause zurückzukehren, ist das einzige Erfordernis, das es zu erfüllen gilt. Es wird sich dann augenblicklich offenbaren.

Die Kinder spielen am Strand und bauen Sandburgen. Sie gehen ganz in ihrem Spiel auf und wollen nicht nach Hause zurück. Ihre Eltern aber sagen: „Es ist jetzt Abend. Lasst uns nach Hause gehen."

Die Eltern erinnern sie, und die Kinder treten ihre Sandburgen ein. Sie genießen beides gleichermaßen, das Aufbauen und das Eintreten. Ohne Verlust und ohne Leiden gehen sie zurück nach Hause.

Die Nacht senkt sich herab. Ihr könnt nicht in eurem Sandhaus verweilen. In der Nacht kommt die Flut. Ihr könnt nicht bleiben. Die Flut wird alle eure Pläne und Häuser hinwegspülen.

Bevor also die Flut kommt, ist es besser, an einen sicheren Ort zurückzukehren.

Die Falle der Sinne

Jeder will frei sein. Was ist dieses gewisse Hindernis zwischen dir und der Freiheit? Begehren. Das Verlangen nach oder die Erwartung von etwas Vergänglichem.

Du hast dich diesem Begehren verschrieben. Somit hast du dich dieser Manifestation und seiner Konstruktion verschrieben. Sich nach etwas zu sehnen, was vergänglich ist, führt zu Leiden, Alter und Tod.

Jeder ist in dieses Verlangen nach Sinnesgenüssen verstrickt, und noch keinem hat es Frieden geschenkt. Niemand ist glücklich, vom König über die Mittelschicht bis hin zu den Arbeitern. Alle jagen sie dem nach, was erscheint und wieder verschwindet.

Das Verlangen nach etwas, was nicht wirklich ist, führt dich von der immer währenden Wirklichkeit weg. Götter besitzen alles, und sie sind trotzdem noch nicht glücklich.

Du hast immer ein Licht in dir, aber du wendest dich ihm nicht zu. Was du stattdessen siehst, ist, wie dieses Licht auf äußere Objekte scheint. Du jagst diesen Objekten nach und suchst nach dem Licht, doch was du siehst, sind lediglich die Reflexionen des inneren Lichtes. Du rennst und suchst nach Befriedigung bei den Objekten, die die Widerspiegelung deines eigenen inneren Lichtes aufgefangen haben.

Du jagst im Außen. Das nennt man Begehren, Verlangen.

Wenn du entscheidest: „Genug! Ich muss frei sein", dann hört die Mindfunktion auf, nach außen zu gehen und sich auf der Suche nach Glücklichsein an Objekte zu klammern. Sie wird zu No-Mind. Mind ist nur Mind in der Erfüllung seiner Begierden. Wenn du etwas begehrst, wenn du dich nach etwas verzehrst, wenn du etwas erwartest, dann erfüllt es diese Funktion, und sein Name ist Mind.

Halt an, hör auf damit! Dann ist es ruhig. In dieser Ruhe kannst du es nicht Mind nennen. Also hemme diesen Fluss, der nach außen fließt. Dann wird keine Energie vergeudet. Wenn es eingedämmt ist, hört es auf. Dann ist es ruhig. In dieser Ruhe ist der Fluss kein Fluss. Einen Fluss kannst du es jetzt nicht mehr nennen. Jetzt nenne es ein Reservoir!

Dieses Reservoir ist identisch mit deinem eigenen Licht. Das Licht befindet sich inmitten deines Mind.

Jetzt ist der Mind No-Mind. Kein Mind, kein Begehren, keine Erwartungen, kein Verlangen, keine Meinungen und keine Vorstellungen.

Es ist gut, anzuhalten und aufzuhören. Dann wirst du sehen, dass du den Edelstein gefunden hast, nach dem du suchtest. Wenn du ihn gefunden hast, wirst du glücklich sein. Du wirst zufrieden sein. Du erwartest nichts mehr, denn das ist *Citdharma,* die Erfüllung aller Wünsche und Begehren. Citdharma bedeutet, du brauchst es nur zu denken, und schon geschieht es. Citdharma, der kostbare Edelstein, der in seinem eigenen Glanz erstrahlt.

Wie behält man ihn?

Dies ist ein Edelstein. Hast du ihn, hast du alles. Wie kannst du ihn denn verlieren? Nur indem du befürchtest, ihn zu verlieren, und dann versuchst, ihn zu behalten.

Du hast ihn nicht verloren. Wenn du diesen Edelstein gefunden hast, der in dir selbst versteckt ist und als Feuer brennt, wie kannst du ihn verlieren?

Er strahlt durch sein eigenes Licht. Weil deine Aufmerksamkeit auf etwas anderes gerichtet ist, spiegelt er sich auf Objekten wider, und diese Widerspiegelung zieht dich zu den Objekten hin. Diese Anziehung ist keine Weisheit.

Finde stattdessen heraus, woher dieser Spiegel kommt, dieses Leuchten, dieser Glanz, diese Reflexion. Warum nicht dort hingehen? Du wirst dein Gesicht von dem reflektierten Objekt, das sich zeigt, abwenden. Du wirst auf die andere Seite gehen, dorthin, woher der Glanz kommt. Dort wirst du sehen, dass dieses Leuchten immer da war und dass es dein eigenes ist. Es ist du, du selbst. Wie willst du es verlieren?

Geh auf in dem Licht, und du bist das Licht! Du bist dieser Edelstein. Wie kannst du dein eigenes Selbst verlieren?

Alles – Königreiche, Welten, Beziehungen – kann verloren gehen und wird verloren gehen. Sogar deinen eigenen Körper wirst du eines Tages verlieren. Wenn du dich nicht einmal auf deinen eigenen Körper oder Mind verlassen kannst, worauf kannst du dich denn überhaupt verlassen?

Deshalb sei geduldig und weise, nimm dir etwas Zeit für dich allein und denk nach: „Haben mir all diese Dinge, die ich besessen habe, bisher Seelenfrieden geschenkt?“ All die Besitztümer und all die Beziehungen? Ich glaube nicht, dass irgend jemand auf diese Frage mit „Ja“ antworten kann.

Jeder verliert etwas in jeder Minute. Jede Minute sterben Millionen Menschen und Millionen werden geboren. Jede Minute geht das so. Heute sind wir hier und morgen vielleicht nicht. Unser Atem kann uns jederzeit verlassen.

Deshalb liegt die wahre Weisheit in dem Verlangen, den Edelstein zu finden, und dann zu erklären: „Ich will ihn gewinnen, heute und ohne zu zögern.“ Dann wirst du sehen, dass du ihn nicht finden musst. Er hat seinen eigenen Glanz. Du brauchst nicht deine eigene Lampe zu nehmen. Er leuchtet durch sein eigenes Licht. Du musst ihm lediglich dein Gesicht zuwenden.

Der Glanz ist bereits hier, aber deine Augen sind nicht klar. Du kannst ihn nicht sehen, hier, im Wasser am Flussbett. Du kannst ihn nicht sehen, weil deine Augen voller Staub sind. Und was ist dieser Staub? Verlangen.

Entferne diesen Staub, dieses Verlangen, dieses Begehren, diese Erwartung! Wenn du diesen Staub entfernst, den Staub des Verlangens und der Erwartung, was siehst du?

Leerheit.

Leerheit! *(lacht)* Wenn Staub da ist, ist Manifestation da, nie endender Kummer und Leiden. Entferne diesen Staub jetzt augenblicklich und sieh nur fünf Minuten lang hin!

Triff die Entscheidung: „Aus diesem ganzen Lebenslauf will ich fünf Minuten hergeben, um den Staub aus meinen Augen zu entfernen." Und dann sieh! Du wirst dein eigenes Gesicht sehen, von Angesicht zu Angesicht. *Swarupa.* Das nennt man Darshan. Dein eigenes Swarupam.

Niemand *sieht* sich. Alle sehen sie andere Gesichter, nur nicht ihr eigenes. Mit Staub in den Augen siehst du nur Anderssein. Kein Staub, kein Anderssein. Alles dein eigenes Selbst, deine eigenen Reflexionen. Niemand anderer. Kein Fremder.

Das bedeutet, den Staub zu entfernen. Zuerst: „Ich bin dies, und er ist das." Das ist Staub. Wenn der Staub entfernt ist, gibt es kein *du,* kein *ich* und keine *sie.* Befreie dich von Begehren, von Erwartung und Verlangen! Du wirst nichts verlieren.

Geh jetzt gleich und sieh dein eigenes Selbst! Sieh die Freiheit, das Bewusstsein! Danach wird sich zeigen, was du nicht hast. Lass alle Praxis sein! Danach werden wir sehen, was wir zu tun haben. Geh auf der Stelle und sieh dein Selbst!

Wenn du dann einer Praxis bedarfst, übe! Wenn du aber in die Falle einer Praxis fällst, bevor du gesehen hast, wirst du das Selbst nicht sehen. Stattdessen wirst du dort bleiben und dem, was du tust, anhaften und sagen: „Das ist alles", und du wirst vergessen, weiter nach deinem eigenen Selbst zu suchen.

Vergiss alles! Vergiss alle Anhaftungen! Vergiss Freiheit und Gebundensein! Es gibt keine Wand zwischen dir und dem Bewusstsein. Es ist nur dein Spiel, weil du nicht weiter vordringen willst.

Du bist wegen der Freiheit hergekommen, nicht wegen irgendetwas anderem. Behalte stets die Freiheit im Sinn.

Muss ich Frauen aufgeben, um frei zu sein?

Eine Frau hat dich geboren. Deine eigene Mutter. Familienleben hat nichts mit Freiheit zu tun. Das hier ist eine gänzlich andere Angelegenheit. Soweit ich gesehen habe, hat es auch keinem genützt, sich in ein Kloster zu begeben.

Ich bin aber mit anderen Frauen zusammen, nicht mit meiner Ehefrau.

Dann bist du *ihr* Problem. Es sei denn ... Wenn du dich nach einer anderen Frau umsiehst und das für deine Ehefrau kein Problem ist, und wenn sie dasselbe tut und das für dich kein Problem ist ... wenn ihr dieses Einverständnis habt, und es ist kein Problem ...

Na ja, sie ist nicht einverstanden.

Genau, das habe ich gesagt. Du bist *ihr* Problem. Du hast gesagt, du seist ein Swami. Was ist denn die Bedeutung von Swami? Es ist ein sehr geachteter Name, jemand, der alles Verlangen aufgegeben hat, hier und jenseits ebenso. Wenn du ein Swami bist, musst du dich auch angemessen verhalten.

Glücklichsein bedeutet nicht, die Begierde nach einem Objekt – wie Sex – zu stillen. Erst wenn dieses Verlangen vorbei ist, ist Glücklichsein möglich. Kein Verlangen zu haben schenkt dir Glücklichsein. Wann immer Verlangen auftaucht, schau nach innen, dahin, von wo das Verlangen aufsteigt; und wenn das Verlangen verschwindet, wirst du überwältigendes Glück erfahren.

Ansonsten wird, sobald du das eine Objekt der Begierde errungen hast, ein anderes auftauchen. Eine ist erfüllt, und die nächste wartet. Selbst Könige sind nicht glücklich. „Kein-Verlangen" ist absolute Glückseligkeit. Und wenn du Glückseligkeit bist, dann ist Frieden. Wenn Frieden ist, dann ruht der Mind, Mind ist reglos. Wenn Mind ohne Regung ist – das ist Freiheit. Die Befriedigung von Begehren und Verlangen findet nie ein Ende. Körper finden ein Ende. Millionen von Körpern haben ein Ende gefunden und immer noch ist der Durst nach Sinnesfreuden nicht gestillt. Deshalb reisen wir per Anhalter von Inkarnation zu Inkarnation. Tu also, was immer du willst!

Wenn du aufgrund eines Unfalls aus Versehen Feuer fängst und du rennst zum Fluss, um hineinzuspringen, und ein Freund kommt vorbei und sagt: „Lass uns ein Eis essen gehen!", was wirst du wohl tun? Dieses Verlangen nach Freiheit muss genau so sein. Du hältst doch nicht unterwegs an, um ein anderes Verlangen aufzulesen.

Klang, Geruch und Sehen, Berührung und Geschmack: Von diesen fünf Sinnen bist du eingekreist, von dort kommt das Feuer. Und was ist das Feuer? Es ist Verlangen. Es brennt, und du schläfst! Wach auf! Hier und jetzt.

Du bist umgeben von diesen fünf Fenstern, durch die das Feuer in dein Haus gelangt, und du schnarchst. Was ist wohl dieses Feuer, was sind wohl diese Fenster? Deine Begierden.

Die menschliche Geburt ist ein erhabenes Vehikel zur Freiheit. Dein Unterschied zu anderen Tieren besteht darin, dass du die Chance hast, Freiheit zu erlangen. Schau also, wo das Feuer eintritt! Durch Klang, Geruch und Sehen, Berührung und Geschmack, das sind die fünf Feuer. Du musst diese Begierden im Zaum halten.

Alle anderen Tiere werden von nur einem Feuer zerstört. Die Motte sieht das Licht der Kerze und wird von ihm angezogen. Das Verlangen nach dem Genuss des Lichtes ist das erhabenste Verlangen der Motte, und es führt sie zur Flamme, in der sie vergeht.

Nur ein Schnappen, und der Fisch ist an der Angel.

Rehe werden gefangen, weil sie von Geräuschen angezogen werden.

Elefanten fängt man, indem man große Gruben aushebt. Auf dieser Grube legt man Stroh aus und erschafft ein Abbild eines weiblichen Elefanten, der auf dem Stroh steht. Elefanten kommen, um den anderen zu berühren, und auf diese Art und Weise werden sie gefangen.

Die Biene fliegt aufgrund ihres Geruchsinns zu der Blume, und manche Blumen fangen Bienen als Futter.

Alle diese Arten kommen in nur einem Feuer um, während du fünf davon hast. Du musst sehr achtsam sein. Halte deine Begierden im Zaum – und du wirst fest verwurzelt sein im Selbst, durch das Selbst, inmitten des Selbst. Dies kann in einem Augenblick geschehen.

Was notwendig ist, ist lediglich die sehr feste Entscheidung: „Ich will Freiheit." Das ist genug. Alle anderen Wünsche und Verlangen ... nicht einmal die Götter können sich ihrer entledigen, schon gar nicht wir Menschen.

Es lebte einst ein Rishi. Seine Frau war die schönste Frau der Welt. Dieser Rishi lebte mit seiner Frau im Wald. Seine Frau war ihm sehr ergeben. Die Nachricht von ihrer Schönheit machte die Kunde und drang selbst bis zum Reich der Götter vor.

Die drei Götter Brahma, Vishnu und Mahesh fühlten sich von der Schönheit dieser Frau sehr angezogen. Also stiegen sie herab in der Form von Sannyasins. (Wenn ein Sannyasin vor der Tür steht, muss er unverzüglich betreut werden, vorrangig vor allem anderen. Der Gastgeber muss hinausgehen und sehen, was er will.)

Zu diesem Zeitpunkt befand sich die Frau im Bad. Die Götter hatten diesen Moment gewählt, weil es die rechte Gelegenheit war, ihrer Schönheit ansichtig zu werden, da sie sich im Bad befand und unverzüglich herauskommen musste. Sie konnte sich nicht einmal Zeit nehmen, um sich zu bekleiden, und das hatten sie natürlich beabsichtigt.

Die Frau hörte die Stimmen vor ihrer Tür, während sie im Bad war. Was tun? Sie musste hinauseilen und nach den drei Sannyasins sehen. Brahma, Vishnu und Mahesh beschäftigen sich damit, eine nackte Frau zu betrachten. Schöpfer, Bewahrer und Zerstörer unter dem Deckmantel von Sannyasins.

Durch die Kraft ihrer Tapas verwandelte sie die Götter in sechs Monate alte Kinder. Alle drei Götter brachte sie als sechs Monate alte Babies ins Haus, legte sie in eine Krippe und begann sie zu wiegen.

Die Götter hatten ihren Ehefrauen nichts von dieser Mission erzählt, die sie auf die Erde führte. Selbst die Tatsache, dass ihre eigenen Ehefrauen schön waren, konnte sie nicht zurückhalten, sie mussten einfach dorthin.

Kamila, Uma und Ramanyi suchten hier und dort nach ihren Ehegatten. Sie gingen zu einem berühmten Siddha, der aufgrund seiner yogischen Kraft sehen konnte, wo sich die Götter aufhielten, und er sagte den Frauen, wo ihre Ehemänner waren.

Sie kamen zu der Frau des Rishi. „Wir hören, dass unsere Männer in deinem Ashram sind."

„Ja, kommt herein und seht!"

Die Frauen wurden hinein- und zu ihren Ehemännern geführt, die als Babies am Daumen lutschten. Alle Göttinnen warfen sich vor dieser Frau nieder. Daraufhin verwandelten sich die Götter wieder in ihre erwachsenen Formen und küssten ihr die Füße. Das ist die Macht von Tapas.

Ihr alle habt diese Macht, wenn ihr die Fenster verschließt, durch die das Feuer eintritt. Das Feuer gelangt nur hinein, wenn du begehrst. Begehren ist Feuer. Halte das Begehren im Zaum. Genug Begehren. Millionen von Jahren hast du damit verbracht, die Begierden zu befriedigen, Inkarnation um Inkarnation.

Wenn du schließlich genug hast, *brennst* du darauf, aufzuhören und nach etwas Unbekanntem Ausschau zu halten. Um frei zu sein, um Erleuchtung zu erlangen und Befreiung bedarf es einer sehr festen Entscheidung.

Tu es mit dem Selbst, durch das Selbst, inmitten des Selbst, in eben diesem Moment! Selbst ist nicht weit weg. Was ist die Verzögerung? Nur Verlangen.

Verzichte auf alles Verlangen! Du wirst der glücklichste Mensch auf diesem Planeten sein, und vielleicht hilfst du auch anderen Menschen auf anderen Planeten. Aber zuerst hilf dir selbst! Erst erkenne dich selbst, wisse, wer du bist! Dann wird es keine Feuer geben. Keine Begierden und kein Verlangen.

Das einzige Verlangen, das sich lohnt, ist das Verlangen nach Freiheit. Alles andere Verlangen ist wertlos. Es hat dir kein Glück beschert, keinen Frieden. All dieser Unfug. Alles brennt. Alle drei Welten brennen. Die Himmel brennen, Götter brennen. Selbst Götter sind zur Erde hinabgestiegen, um diese schöne Frau zu sehen. Und ihre wahre Schönheit war die innere Reinheit des Selbst.

Alles hängt von dir ab. Wenn du es aufschieben willst, schieb es auf, um ein paar weitere Jahre oder Inkarnationen, aber der Weg eines weisen Mannes ist das nicht. Ein Weiser ergreift die Gelegenheit, die sich ihm bietet. Er lässt sich nicht durch Ignoranz verleiten.

Freiheit ist hier und jetzt, ist eben dieser Moment. Und was du tun musst, ist aufhören, den Mind mit dem vergangenen Moment zu verknüpfen, aufhören, den Mind mit einem Moment in der Zukunft zu verknüpfen. Keine Verknüpfung mit der Vergangenheit und keine Verknüpfung mit der Zukunft. Ich spreche jetzt von diesen drei Momenten. Ein Moment ist das allergenaueste Zeitmaß. Lass weder Vergangenheit noch Zukunft aufsteigen!

Schau hinein in eben diesen Moment! Alle Vergangenheit und alle Zukunft ist nichts als der Mind, der dir etwas vorgemacht hat. Mind ist ein Geist, nichts als ein Name. Wenn Mind da ist, ist sofort die ganze Manifestation da, durch einen Gedanken. Wenn du dagegen im Nicht-Moment verwurzelt bist, wenn keine Vergangenheit da ist – heißt dieser Ort No-Mind.

Gestern fragte jemand: „Wie kann ich meinen Alltag bewältigen, wenn ich keine Wünsche und kein Verlangen habe?" Hier ist noch einmal die Antwort. Dieser Moment ist No-Mind. Und No-Mind hat dieselben Qualitäten wie Leerheit. No-Mind ist Bewusstsein an sich, das Selbst an sich.

Die Qualität von No-Mind ist Sattva. Vergangenheit, Gegenwart und Zukunft wurden transzendiert, um No-Mind zu sein. No-Mind ist Bewusstsein. Jetzt ist überhaupt kein Mind mehr da. Der gereinigte Mind ist Bewusstsein.

Was ist Reinigung des Mind? Kein Gedanke. Dieser gedankenlose Mind, Sattva-Mind, No-Mind, kann Bewusstsein selbst genannt werden. Das Selbst an sich. Verankere dich fest darin! Du fragst nicht einmal mehr nach Freiheit, denn Freiheit war lediglich ein Begriff im Mind, weil er des Leidens und der Knechtschaft müde war.

Demnach ist es der Mind selbst, der vorschlägt, zum Satsang zu gehen. Wenn du keine Beziehung zur Vergangenheit oder zur Zukunft unterhältst, ist überhaupt kein Mind da, und du bist zu Hause. Schau nach innen, schau im Selbst, schau mit dem Selbst inmitten des Selbst!

Der ganze Rest liegt beim Körper und beim Mind, und alle Ergebnisse werden entweder physisch oder mental sein. Hier stell den Mind durch sich selbst in Frage: „Wer bist du?" Nur durch diese Frage wird der Mind verschwinden, und dieser Mind wird in seiner eigenen Auflösung sehr glücklich sein. Der Mind wird sehr dankbar sein über diesen Frieden. Er ist von einem Ast zum anderen gesprungen wie ein Affe. Weder du noch er hatten Ruhe. Freiheit ist hier und jetzt.

Deine Natur ist pure Freiheit. Du warst frei von Anfang an. Wie kam diese Idee in deinen Kopf, dass du gebunden bist? Wo sind die Ketten? Hast du sie gesehen?

Frag dich einfach: „Wer bin Ich?" Das ist ein Floß, mit dem sich der Ozean von Samsara überqueren lässt. Der Tod kann nicht auf dieses Floß. Es ist ein zu sicheres Floß. Alles andere ist Mind. „Ich werde dieses tun." „Ich will das haben." „Was soll ich tun?" „Ich habe dieses." „Ich will jenes." Alles Ansichten und Absichten. Hör mit allem eine Weile auf. Es braucht nicht viel Zeit.

Du hast diesen Dingen bisher keine Aufmerksamkeit geschenkt. Wenn ein Gedanke im Mind aufsteigt, hab Acht! Sei achtsam! Halte Wache über das Aufsteigen von Gedanken!

Um zu Hause zu bleiben, wie brauchte es da einen Weg? Das Verlangen erschafft sich einen Weg, um dich von zu Hause wegzuführen. Das Verlangen nach etwas, das nicht von Dauer ist, ist ein Dieb, der dich deines Friedens und deines Glücklichseins beraubt. Wenn du schon ein Verlangen hast, mache es zu dem Verlangen, wissen zu wollen, wer du bist!

Sannyas bedeutet: keine Anhaftung an oder Verlangen nach etwas, das nicht von Dauer ist. Sannyas sollte also erst dann geschehen, wenn du dich zufrieden gestellt hast, wenn dir alle Begierden nach und Erfahrungen mit den Sinnesobjekten keinen Nutzen gebracht haben, keinen Frieden, keine Liebe.

Sannyas ist das Zurückweisen allen Verlangens. Die Kleider zu wechseln, das ist es nicht. Die Umstände zu wechseln, das ist es auch nicht. Der Mind ist immer noch nicht anders. Die Umstände zu verändern, von einem Ort zu einem anderen zu wechseln, von einem Land zu einem anderen, das ist nicht Sannyas. Sannyas ist, sich allen Verlangens zu entledigen. Das stoppt den Kreislauf von Geburt und Tod und schenkt dir Frieden.

Wenn du die Radnabe anhältst, hält auch das Rad an. Was ist die Radnabe? Mind. Wie den Mind anhalten? Erforsche: „Wer bin Ich?" Wenn du sagst: „Was ist das?" oder „Wer bist du?", kommt eine gewisse Antwort zurück, und der Mind wird bei einem Sinnesobjekt verweilen.

Stell diese Frage: „Wer bin Ich?" Aber stattdessen fragen die Leute: „Was ist mit meinen Verpflichtungen und mit meinem Alltag?"

Du bist an deine Sicht nach außen gefesselt, also schau nach innen. Dieses Selbsterforschen unterhält keine Beziehung zu vergangenen oder zukünftigen Gedanken. Keinen Gedanken aufsteigen zu lassen, das ist Sannyas. Wenn ich meine Kleider färbe oder nach Pune gehe, geht der Mind doch mit. Es ist der Mind, der Sannyas nehmen muss, der Mind muss alles Verlangen nach Sinnesobjekten hergeben und sich nach innen wenden, um seinem Ursprung zu begegnen.

Ihr mögt die Leute täuschen durch die Farbe eurer Kleider und die Rosenkränze um euren Hals, aber der Mind ist immer noch derselbe. Den Mind lass Sannyas nehmen! Stell dem Mind die Fragen: „Wer bist du? Wer ist das, der mir in all den Millionen von Jahren so viel Ärger gemacht hat?"

Um glücklich zu sein, um in Frieden zu sein, um Liebe, um Schönheit zu sein, brauchst du niemand anderen. Um anders zu sein als all das, dazu brauchst du einen Gedanken, eine Idee oder eine Person, die dich unglücklich macht. Eine Person ist als Ursache des Unglücklichseins vonnöten – eine Person, eine Idee oder ein Ding.

Das Glück bittet dich um nichts. Aber um zu leiden, da musst du dich anstrengen, und zwar in Richtung Beziehung. Du musst dich entweder zu einer Person, zu einem Ding oder zu einer Idee in Beziehung setzen, um zu leiden. Dann wirst du unglücklich, weil du etwas brauchst. Glücklich zu sein hingegen ist unsere grundlegende Natur. Nichts wird benötigt. Du brauchst keine Hilfe, um glücklich zu sein. Um zu leiden bedarf es einer Beziehung. Und wo in der Welt ist die Beziehung, die dir kein Leiden beschert?

Ich weiß es nicht.

Wenn du es nicht weißt, vielleicht hast du ja von einer gehört, von deinen Eltern vielleicht? *(lacht)*

Ich habe mit allem aufgehört und habe nun das Gefühl, als hätte ich meine Vitalität verloren.

Mit deinem Verlangen aufzuhören, ist deine Natur. Es ist deine Natur, kein Verlangen zu haben. Das ist kein Verlust. Wenn du geboren wirst, die allererste Stunde, was war dein Verlangen?

Zu atmen.

Okay, zu atmen. Und dieses Atmen war nicht deins. Es war nicht deine Bemühung. Jetzt atmest du. Sag mir, wie viele Atemzüge atmest du an einem Tag oder sogar in einer Minute? Ich weiß es nicht.

Du weißt es nicht, weil es nicht deine Bemühung ist. Es geschieht. Luft von außen geht zurück nach innen. Es erreicht unsere Nase und wir nennen es Prana, als ob es uns gehörte. Dieselbe Luft, einatmend oder ausatmend. Diese Lebenskraft bist du. Finde heraus: Beherrschst du diese Lebenskraft? Oder ist es die Lebenskraft, die dich beherrscht?

Die Lebenskraft beherrscht mich.

Ja, die Lebenskraft beherrscht dich. Du atmest. Die Kunst des Atmens ist mühelos. Bemühe dich, nicht zu atmen und sieh das Ergebnis. Bei seinem Tod kann sich auch ein sehr reicher Mann keinen extra Atemzug kaufen. Kein Arzt kann einen extra Atemzug vergeben. Wer atmet in dir? Wer zieht die Luft von außen nach innen ein?

Einmal eingezogen, und der Körper arbeitet – Mind, Gehirn und die Sinne arbeiten, wickeln Geschäfte zwischen Subjekt und Objekt ab und vergnügen sich. Finde heraus, wer für das alles verantwortlich ist, und du findest die Antwort auf deine Frage.

Wer ist versteckt und unbekannt in der Höhle deines Herzens? Das ist dein eigenes wirkliches Gesicht, dein innigst verbundener Freund, und es ist ewig. Niemand schaut es an. „Ich tue dies." „Ich habe das getan." „Ich werde dies tun." Das nennt man Leben, und niemand ist glücklich und zufrieden mit dem, was er getan hat. Immer will er noch etwas, immer noch mehr tun. Er erlangt das Glück, und hat er es erlangt, will er etwas anderes. Dies ist ein nie endender Kreislauf. „Also hör auf mit diesem Kreislauf!", sage ich. Er ist nicht deine Natur.

Irgendwie hat der Mind ein Problem geschaffen – also frag den Mind! Du hast alles ausprobiert auf diesem Planeten, von der Hölle bis zum Himmel; und immer noch bist du nicht zufrieden. Frag deinen Mind und du wirst die Antwort erhalten!

Dein Mind ist *dein* Mind, und er macht viel Ärger. Du hast es gesehen. Überall hat er dich gebissen und dir Ärger gemacht.

Jetzt also führe einen Dialog zwischen dir und deinem Mind! „Was willst du?“ Dein Mind wird dir zum Freund werden. Er wird dir den Weg weisen. Wir wollen unser Verlangen befriedigt haben, und wir beschuldigen den Mind. Wo ist er? Wer hat ihn gesehen? Er ist ein Gespenst, und dieses Gespenst ist Verlangen. Deshalb halte für einen Moment inne! Halte einfach inne und schaue auf dich selbst!

Ich bitte dich nicht, etwas zu unterdrücken. Ich will nicht, dass du deinen alltäglichen Verpflichtungen davonläufst. Vielleicht wirst du mit 200% auf deine alltäglichen Aktivitäten reagieren.

Wenn du bitte so großzügig wärst: Ich erbitte ja nicht einmal einen Moment, nicht einmal eine Sekunde, nur 1/45.000stel einer Sekunde. Kannst du mir so viel Zeit zugestehen? Sieh dein Gesicht ... alles wird erfüllt sein. Dein Schatz ist innen versteckt, und du rennst nach außen und weg davon. Von Anbeginn der Zeiten an geht die Sonne auf und zeigt dir die Tageszeit; Sonnenaufgang und Sonnenuntergang. Es geschieht alles in dir.

Es war einmal ein König. Vajravalkya war sein Name. Eines Tages rief er seine beiden Ehefrauen zu sich. Eine war sehr alt und eine war ein junges Mädchen, vielleicht zwanzig Jahre alt.

Er sagte: „Ich werde mein Königreich zu gleichen Teilen unter euch aufteilen. Ihr seid gute Königinnen, alles wird zur Hälfte geteilt. Die Juwelen, die Elefanten, der Palast – alles wird zu gleichen Teilen geteilt, denn ich werde euch verlassen.“

Die junge Königin sprach: „Ist es nicht wahr, dass du gesagt hast: ‚Ich bin das Licht deines Lebens’? Hast du nicht gesagt, ich sei die schönste Frau im ganzen Königreich und dass ich dich glücklich machte?

Ich weiß doch, dass du ein weiser Mann bist. Wenn du all das hergibst, muss es für etwas sein, das besser ist als dies. Also kannst du meine Hälfte der anderen Königin geben. Ich will dir folgen und da hingehen, wo du hingehst."

Vajravalkya sagte, dass es schwierig sein würde, dass er mit nur einem Kleidungsstück ginge. Sie legte ihre Diamanten ab und gab sie der anderen Königin und sagte zu ihrem Mann: „Ein Sari ist genug. Ich möchte mit dir gehen und dir dienen."

Und so gingen sie in den Wald und übten sich in Enthaltsamkeit. Sie hatten die ganze Zeit Satsang. Sie waren sehr glücklich und gewannen Freiheit.

Papaji, nachdem der König auf seine Königin verzichtet hat, nachdem er auf sein Verlangen verzichtet hat und er sich dessen wahrlich entledigt hat, könnte er wieder mit der Königin zusammensein, körperlich?

Ja. So haben sie gelebt.

Und es ist okay?

Ja, das haben sie getan. Aber das närrische Verlangen durch die Sinne ist nicht vorhanden. Es ist Liebe. Du kehrst von ursprünglichem Frieden zurück. Alles wird da sein – die Ehefrau wird da sein, der Ehemann wird da sein, Freunde werden da sein – aber dein Konzept ist jetzt anders. Nur Liebe, kein Hass, keine Angst vor Trennung; denn jetzt wirst du eine Beziehung mit dem Selbst haben, mit deinem eigenen Selbst. In alledem ist Selbst, dein eigenes Selbst. Wen kannst du hassen?

Schönheit überall.

Überall, ja. Wenn du überall bist, siehst du dein eigenes Gesicht in jedem Selbst. Wohin willst du gehen? Wem oder was gilt es zu entsagen, wer oder was ist zurückzuweisen? *Es* ist hier, wo immer du auch bist.

Finde deinen eigenen Frieden – zuerst in dir, dann in mir, dann überall! Schau nach innen! Das Selbst ist nicht weit weg. Das Selbst ist hier und jetzt. Wie weit entfernt von dir befindet sich das Selbst?

Dasselbe.

Es ist dasselbe. Du brauchst nicht zu suchen. Gib lediglich deine Suche nach anderen Dingen auf! Wenn du deine Suche nach allem anderen aufgibst, was bist du dann? Gib dich selbst auf! Die Offenbarung geschieht von selbst, innerhalb deines eigenen Selbst.

Die einzige Mühe, die du dir machen musst, ist die Mühe, die Anstrengungen abzuwerfen, die du dir auf deinen eigenen Kopf gepackt hast. Möglicherweise ist eine Anstrengung nötig, um all deine Anstrengungen abzuwerfen. Im Hinblick auf dein eigenes Selbst unternimm keine Anstrengung! Diese Offenbarung wird geschehen. Du besitzt ein Bündel von Dingen, die du mit Anstrengung angesammelt hast. Also kannst du eine Gegenanstrengung machen, um deine Anstrengung zu entfernen. Streng dich aber nicht an, um zu sein, wie du bist!

Es ist eine Erkenntnis. Es wird sich dir durch sich selbst offenbaren, selbst wenn du es nicht willst. Wirf du die angeketteten Dinge ab, die du angekettet hast! Wirf deine Ketten ab! Weg mit den Ketten! Unternimm keine Anstrengung! Es ist eine Offenbarung. Es ist hier, siehst du. Schau einfach in dich selbst hinein, fass mit fester Überzeugung einfach den Entschluss!

Osho sagte, dass er in seinem Leben nur eines bereute: dass er Ramana Maharshi nicht begegnet ist, bevor er seinen Körper verließ.

Ich glaube nicht, dass er es verpasst hat. Das ist ein sehr gutes Verlangen. Sogar nach dem Tod wird sich dieses intensive Verlangen des Selbst, dem Selbst zu begegnen, erfüllen. Das ist nicht so wie bei den anderen Begierden: „Ich will dies und ich will das.“ Solche Begierden führen zu Ärger, und die entsprechenden Objekte werden sich in deiner nächsten Inkarnation manifestieren.

Doch jedes Verlangen nach dem Selbst ist ein Verlangen, das erfüllt *ist*. Der Körper hat mit diesem Verlangen nichts zu tun. Der Körper bleibt oder er bleibt nicht. Dieses Verlangen ist ein ewiges Verlangen.

Sogar im Körper existiert Videha Mukti, Jivan Mukti. Befreiung kann erlangt werden, bevor der Körper endet, und sie bleibt, nachdem der Körper weggefallen ist.

Du kannst dieses leibliche Gewand tragen oder es abstreifen – es macht keinen Unterschied. Dieses Verlangen nach Befreiung aber *muss* bestehen bleiben; während deiner Lebzeiten und sogar danach, denn es ist ein Verlangen nach der Wahrheit selbst. Und Wahrheit ist ewig. Sie muss sich selbst offenbaren, durch sich selbst, für sich selbst.

Wahrheit kann sich niemals dem Körper offenbaren, weil der Körper nicht dauerhaft ist. Er kann dem Darshan der Göttlichkeit nicht standhalten. Streif also dieses Konzept des Körpers ab, und du wirst unmittelbar deines eigenen Selbst gewahr sein.

Für das Verstehen braucht es keine Worte. Erlaube meinen Worten einfach, irgendwo hineinzusinken – endgültig! Wenn du schlafen gehst, sagst du selbst deinem engsten Freund gute Nacht, jemandem, mit dem du von früh bis spät zusammenlebst. Allem sagst du gute Nacht. Du kannst nichts mit dir nehmen, sonst wirst du nicht schlafen. Du musst alles loslassen.

Weißt du denn, wer neben dir schläft, wenn du schläfst? Im Schlaf lässt du alles los. Warum gute Nacht? Warum nimmst du ihn oder sie nicht mit hinüber in den nächsten Zustand? Kein Name und keine Form, keine Beziehung ... und du bist glücklich.

Ich werde dir einen einfachen Trick verraten. Wann immer du etwas gehen lässt, bist du glücklich. Besitze nichts! Angenommen, dein Nachbar hat das neueste Mercedes-Benz-Modell, und deine Frau oder dein Mann möchte auch so ein Auto. Du denkst: „Ich muss dieses Modell kaufen."

Irgendwie borgst du dir Geld von der Bank oder du beleihst dein Kapital, und jetzt steht das Auto vor deinem Haus. Du freust dich und bist glücklich, oder nicht?

Sicher bist du glücklich. Deine Frau ist glücklich, deine Kinder sind glücklich, deine Freunde sind glücklich. Die Person, die dir das Auto verkauft hat, ist glücklich, dass sie es los ist.

(Lachen)

Und du bist glücklich darüber, dass du es hast. Also, wo liegt jetzt das Glück? Was dich geplagt hat, war das Verlangen: „Ich will ein Auto." Mit dem Auto hat dich das Verlangen verlassen. Mit dem Auto besteht kein Verlangen mehr nach einem Auto, und das ist es, was dich glücklich macht. Wie mit allem Verlangen bist du glücklich, wenn das Verlangen verschwunden, nicht wenn das Ding gekommen ist.

Das Auto besteht aus Stahl und aus Gummi, und fahren tut es mit Benzin. Keins von diesen Elementen macht dich glücklich.

Du sitzt in der Leerheit und denkst, du seist der Besitzer wegen der Wände des Hauses, in dem du sitzt. Du bist trotzdem immer noch in der Leerheit. Wo immer Leerheit ist, bist du glücklich. Das ist ein einfacher Trick.

Du vergisst deinen Körper, und – des Körpers, der Beziehungen, der Freunde entleert – sinkst du in den Schlaf und bist glücklich.

Dies hier ist jetzt der so genannte Wachzustand; es ist aber auch ein unwissender Zustand. Dieser unwissende Wachzustand ist ebenfalls ein Schlafzustand.

Du schläfst, weil du Begierden unterhältst und dich mit ihnen beschäftigst. Hier sei still und sieh, dass du immer noch schläfst!

Wenn du aufwachst, verschwindet diese Unwissenheit des Schlafes. Unwissenheit beruht auf Illusion. Du wirst die Unwissenheit durch Wissen los. So wie das Wissen um ein Trugbild dessen magische Kraft zerstört, so stell hier die Frage: „Wer bin Ich?" Dann wirst du langsam nach Hause zurückkehren.

Endlich. Entledige dich all dieser Illusionen, ein für allemal!

Jedes Verlangen geht mit einem gewissen Vergnügen einher, wie klein oder flüchtig auch immer. Es ist schwer, diesen Genuss, dieses Vergnügen aufzugeben. Deshalb ist es schwer, dieses Verlangen aufzugeben.

Freiheit ist nichts für dich, mein lieber Junge. Vielleicht wartest du noch eine Runde. Man muss vielleicht in 8,4 Millionen Spezies inkarnieren, bis man an den Punkt kommt, wo es einen nach Freiheit verlangt. Die Zeitspannen sind unterschiedlich. Manche Inkarnationen dauern Tage, manche Minuten, manche Stunden, manche viele Jahre. Alles in allem vielleicht fünfunddreißig Millionen Jahre für einen weiteren Zyklus, für noch eine Runde.

Kein Problem. Vergnüge dich noch einmal! Freiheit ist nichts für dich. Du bist hier am falschen Ort. Wir sind hier nicht auf dem Fischmarkt, mein lieber Junge. Ich gebe dir einen guten Rat: Wenn du Fische kaufen willst, dann geh auf einen Fischmarkt! Dieser Ort hier eignet sich nicht für dich.

Das ist eine sehr ernste Sache. Du musst ernsthaft sein. Eines Tages wirst du bereit sein. Entweder in diesem oder im nächsten Zyklus. Kein Problem. Wenn du sehr ernsthaft bist, wenn du in deinem Durst und Verlangen nach Freiheit verbrennst, dann komm zu mir! Wenn du Freiheit willst, dann komm zu mir! Du wirst Freiheit bekommen. Sofern du andere Begierden hast, kann ich dir nicht helfen.

Den Sinnesfreuden hinterherzulaufen, das Hin und Her der Transaktionen zwischen Subjekt und Objekt bezeichnet man als Wachzustand. Die Vorstellung davon bezeichnet man als Traumzustand. Wo Nichtheit übrig bleibt, nicht einmal Erforschung – das nennt man den dumpfen Ego-, den unwissenden Schlafzustand.

Wenn du sagst: „Ich will frei sein," ist das weder wachen noch schlafen. Dies ist ein transzendentaler Zustand, der nirgendwoher kommt.

Wenn du unerfüllte Wünsche hast, wirst du in einem anderen Schoß wiedergeboren. Dieser Sack mit unerfüllten Wünschen wird dann dein Gesicht sein. Die passende Spezies, die passenden Eltern und Umstände werden für dieses Gesicht erscheinen.

Darum erfülle all dein Begehren auf einmal, augenblicklich! Du brauchst nur Feuer, um dieses ganze Warenhaus von Verlangen zu verbrennen. Der alles verzehrende Wunsch nach Erleuchtung ist die Flamme. Einmal erleuchtet, sind alle deine Begierden, ist all dein Verlangen zu Asche verbrannt – keine Rückkehr mehr zu irgendeinem Schoß. Andernfalls wirst du ewig per Anhalter von Ort zu Ort unterwegs sein.

Wo Pfade sind, da müssen auch Schafe sein. Pfade sind nur für Schafe gemacht. Siehst du Löwen auf einem Pfad wandeln? Und wo Schafe sind, da sind auch Schäfer. Wenn du zu einem Schäfer gehst, wirst du zum Schaf und sie treiben dich zusammen, wo sie wollen.

Als das Licht kam, bist du nicht zu der Kerze gegangen, sondern zum Objekt, auf welches dieses Licht schien. Diese Flamme ist dein wahrer Lehrer. Bete sie an! Suche sie! Versuche sie zu erkennen! Bewahre kein Konzept von der Vergangenheit, der Gegenwart oder der Zukunft!

In diesem Augenblick, warte! Stopp! Schau nirgendwohin! Und vielleicht wird alles offenbart. Wenn du nach einer Methode oder nach einer Technik suchst, schiebst du ihn hinaus. Wenn du ihn hinausschiebst, hat dich ein vertrauter Freund hereingelegt: der Mind.

Selbsterforschung und liebende Hingabe

Mein Mind rast und stellt mir Fallen. Wie geht man mit einem aktiven Mind um?

Es gibt zwei Wege der Erkenntnis: Einer ist Vichara oder Selbsterforschung, der andere ist die liebende Hingabe an Gott oder Bhakti.

Selbsterforschung ist die Frage: „Wer bin Ich?" Sie führt dich zur Entdeckung der Antwort. Wenn du fragst: „Wer bin Ich?", hast du keine anderen Gedanken. Du kannst immer nur einen Gedanken auf einmal haben, und an diesem Gedanken hältst du fest – „Wer bin Ich?" Wenn der Mind mit dieser Frage ringt, bleib dabei – und sei absolut wachsam! Setz deine ganze Aufmerksamkeit daran, hierauf die Antwort zu finden! Kein anderer Gedanke kann hochkommen, weil du entschlossen mit dieser Selbstbefragung beschäftigt bist. Beginnen tust du mit dem Ego. Das Ego will wissen: „Wer bin Ich?" Ist es nicht so? Gedanke ist Ego.

Also ist immer noch Ego im Spiel?

Natürlich. Wer sonst sucht denn? Zuerst hast du gefühlt, dass du getrennt bist, deshalb willst du zu deiner ursprünglichen Natur zurückfinden, deshalb betreibst du diese Erforschung des Seins.

Du hast dich vergessen und glaubst an Trennung. Diese Trennung musst du überwinden. Stell in Frage, wer du bist, und das wird dich zu deinem Ursprung führen!

Von wo taucht dieses *Ich* auf? Dort tauche ein! Über das Jenseits vom *Ich* weißt du nichts. Dieser Ort ist keinem bekannt. Tauch hinein und sieh! Das ist Erforschung des Seins. Tauch tief hinein in das Unbekannte! Dann gibt es kein Ego.

Dieser Weg ist für sehr scharfsinnige, sehr intelligente Menschen. Du bist bereits frei; suche also nichts zu gewinnen und strebe nicht danach, etwas erreichen zu wollen, was immer es auch sei! Weder Gewinn noch Verlust dauern ewig. Sie sind deshalb nichts wert. Jeder Gewinn geht verloren. Alles, was nicht hier und jetzt ist, ist nicht von Nutzen. Du musst entdecken, was bereits hier und jetzt ist. Das ist deine eigene Gegenwart, deine eigene Leerheit. Also musst du zu deiner ursprünglichen Natur zurückkehren und hier nichts ansammeln.

Das Absolute erhebt einen heiligen Menschen. Du musst dich mit absolutem, makellosem Mind zeigen. Eine Blume, die noch nicht gerochen wurde, muss man Gott darbieten.

Du musst weder ein Buch lesen noch eine bestimmte Praxis ausüben. Dies ist der Anfang und das Ende zur gleichen Zeit. Augenblicklich wirst du sie haben.

In deiner Gegenwart, in diesem Moment fühle ich es.

Dieses *Ich* ist Ego. Ego setzt zum Hieb an seine eigene Wurzel an. Wenn es sich zurückwendet und die eigene Mutter erblickt, wird es sich in Scham auflösen, weil Ego sich die ganze Zeit gebrüstet hat: „Ich werde das ganze Universum erschaffen." „Ich werde dieses tun." „Ich werde jenes tun." „Das gehört mir."

Dieser Weg der Selbsterforschung ist eine narrensichere Methode. Kein anderer Weg führt dich zur Erleuchtung, alle anderen Wege sind Verwirrungen. Dies ist der endgültige Weg.

Wie ein Vogel zwei Flügel braucht, um zu fliegen, gibt es neben der Selbsterforschung einen zweiten Weg, der genauso gut ist: den Erkenntnisweg der Liebe, die liebende Hingabe an Gott. Mein Hintergrund ist Bhakti ...

Wirklich? Das ist erstaunlich. Ich sprach gerade mit einem Swami, der auch von sich sagt, dass sein Weg die liebende Hingabe ist. Er öffnet sich der Liebe von Ramakrishna, Jesus und Buddha und reinigt sich in dieser Liebe.

In der liebenden Hingabe an Gott ist all das nicht nötig. Nichts ist nötig.

Wie funktioniert dann liebende Hingabe?

In der Verehrung des Göttlichen gibst du dich dem Allerhöchsten hin. Du tust nichts, außer dich dem Göttlichen hinzugeben, das für alles sorgen wird, so wie es das sogar jetzt gerade tut.

Dein Reden von Gott bringt große Freude.

Ja. *(beginnt zu weinen)* Wovon man spricht, da ist der Mind. Du sprichst von einer Rose, der Mind geht dorthin. *(weint)* Darum benutze ich dieses Wort ‚Verehrung des Göttlichen' selten im Satsang.

Warum nicht?

Wenn ich von liebender Hingabe an Gott höre, gibt es keinen Satsang. Das Wort bringt dich zu Gott, wie du sagtest.

Zu Anfang steht die tatsächliche Hingabe, dann wird für dich gesorgt. „Dein Wille geschehe – *ich* habe keinen Willen", das wird dein Ausdruck sein.

Ich bleibe nicht stabil. Kannst du mir helfen? Es ist mein größtes Verlangen, in dieser Gegenwärtigkeit zu bleiben.

Wenn du dich hingibst, gibt es gar kein Verlangen; so wie bei einer Motte, die die Flamme anschaut. Die Motte ist verliebt in die Flamme. Sie fühlt sich von der Flamme angezogen und sie möchte ihre Liebe küssen. Dieses Verlangen führt sie zu der Flamme hin. Das ist alles, und es gibt kein Zurück. Auf diese Weise gib dich hin, und Gott selbst wird für alles sorgen! Das ist bereits so, nur akzeptieren wir es nicht. Wir sind so arrogant, dass wir sagen: „*Ich* tue das."

Jeder brüstet sich: „Ich habe dies getan." „Morgen werde ich das tun." Wer hat morgen gesehen? Gib dich hin an Gott und überlass alles Ihm! Das ist sofortige Freiheit. Wenn du deinen Mind an jemand anderen verkauft hast, dann hast du Gott nichts darzubieten. Wenn du Gott dein Herz darbietest, wird sich dir das Himmelreich öffnen, ob du nun willst oder nicht.

Muss man zwischen dem einen und dem anderen Weg wählen?

Die Verehrung des Göttlichen wird dich letztendlich auch zur Selbsterforschung führen. Zunächst erscheint es wie Verehrender, Verehrung und Gott.

In der Hingabe geht der Verehrende im Göttlichen selbst auf, und dann ist keine Verehrung mehr da. Es kommt von und geht zurück zu derselben Quelle.

Es gibt äußere Anzeichen von liebender Hingabe: Tränen und Versagen der Stimme. Du bist angenommen vom Göttlichen, und dabei treten diese Symptome auf. Sehr schön.

Ich war verrückt nach dem Göttlichen. Die Leute nannten es verrückt. So viel göttliche Ekstase. Wer könnte es in Worte fassen? Deshalb kann ich im Satsang davon nicht sprechen. Die Kehle ist zugeschnürt, und ich kann nicht sprechen.

Hast du dich in der liebenden Hingabe frei gefühlt?

Hingabe *ist* Freiheit. NO MIND bleibt. Keine Trennung mehr. Gott zu lieben ist Freiheit. Der Name Gottes ist bereits genug. Kein Unterschied zwischen dem Namen Gottes und Gott. Bewusstsein, Leerheit, Erleuchtung, Gott – es ist dasselbe.

Ein Jivan-Mukta hat in seinen Augen keine Vergangenheit. Keine Vergangenheit, keine Gegenwart und keine Zukunft. Nur die Dinge, wie sie sind. Keine Zeit, keine Sonne, kein Mond, keine Sterne. Lediglich überwältigender Frieden.

So wie du es erdenkst, so wird es werden. Das ist die Schönheit des Bewusstseins.

Es *ist* Bewusstsein, es muss sich kein Material von anderswo ausleihen. „Es werde Manifestation", und Manifestation ist da. Was immer du denkst, ist sofort da, innerhalb des Bewusstseins. Bewusstsein, welches begehrt, was immer es auch sei, innerhalb des Bewusstseins.

Nichts ist je geschehen. Nichts wird je geschehen. Das ist die endgültige Wahrheit. Alles andere ist vom Mind gemachter Ärger.

Wenn der Mind auftaucht, taucht Ärger auf. Du musst ihn in Schach halten; da wo Mind selbst sich erhebt. Bleib einfach dort, wo der Mind sich erhebt. Mind ist ein Gedanke. *Ich* steigt auf, alles steigt auf. Davor, vor dem *Ich,* berichten alle, dass sie gar nicht sehen, was Frieden, Schönheit, Liebe bedeutet.

Wenn du, nachdem du deinen eigenen Ursprung, deinen eigenen Frieden gesehen hast, einem einzigen Gedanken gestattest aufzusteigen, steigen auch Vergangenheit, Gegenwart und Zukunft augenblicklich auf. Wenn du träumst, siehst du in einem Moment einen Berg oder einen Elefanten. Weil alles Bewusstsein ist. Selbst wenn du nicht weißt, bist du dir doch *bewusst,* dass du nicht weißt. Wenn du sagst: *„Ich leide"*, bist du dir des Leidens bewusst.

Der einzige Weg, das Leiden loszuwerden, ist Selbsterforschung. Die Selbsterforschung oder Vichara ist ein Floß, um den Ozean von Samsara zu überqueren und Nirvana zu erreichen. Dieses Floß – wo immer du bist ... essend, schlafend, gehend – dieses Floß ist sehr sicher. Nichts kann dich berühren. Dieses Selbsterforschen wird dich aus dem Mind hinausschleudern. Sei einfach still und erkenne, dass dich für diesen Moment kein Gedanke berührt!

Wie gelange ich immer weiter nach innen?

Du musst alles zurücklassen. Um nach innen zu gehen, lässt du Mind, Ego, Körper, Sinne und Manifestation zurück. All das ist in diesem Augenblick des Nach-innen-Gehens nicht hier. Auch *Ich* ist nicht hier.

Das stimmt.

Ich bedeutet Mind. Mind bedeutet Ego, Ego bedeutet Sinne, Sinne bedeuten Manifestation. Diese Selbsterforschung setzt also an der Wurzel des Ego selbst an, und du sagtest, dass du es getan hast.

Ja, aber nur für einen Moment.

Einverstanden. Also geh einen Schritt aus dieser Gegenwart heraus und setz den Fuß irgendwohin! Wo wirst du ihn hinsetzen?

Ich muss versuchen, nicht darüber nachzudenken.

Du kannst ruhig nachdenken. Tu, was immer du tun musst! Du bist im Ozean gelandet. Tu was immer du willst: denke nach, rede, schwimme!

Aber wie lasse ich los, um hineinzugehen?

Du sagtest, du hast es getan.

Für einen Moment Nicht-Zeit.

Einverstanden. Aus dieser Nicht-Zeit willst du jetzt in die Zeit gehen.

Nein, ich will nicht. Ich will loslassen.

Zeit ist Mind und Mind ist Vergangenheit.

Ich weiß.

Für diesen einen Moment, sagtest du, bist du aus der Zeit herausgegangen. Jetzt will ich, dass du aus der Zeitlosigkeit herausgehst!

Ah ...

Jetzt hast du nichts zu tun. Ah – das ist es, jetzt hast du's begriffen. Denk hierüber nicht nach und unternimm keine Anstrengung – und hier bist du. Du wirst immer hier sein und du bist immer hier gewesen, du warst nur anderweitig beschäftigt.

(lacht)

Die Vergangenheit ist ein Friedhof. All deine Tränen und all dein Leiden müssen aus der Vergangenheit kommen. Wenn du unablässig nach dem suchst, der du bist, wird es für die Vergangenheit keinen Raum geben, ins Bewusstsein einzutreten. Du bist bereits besetzt, beschäftigt. Dann ist kein Raum da für Vergangenheit.

Zuerst verschwindest du, dann tauchst du in den Ozean von Nektar und Ambrosia. Dann wird, was immer du auch sprichst, von Poesie erfüllt sein. Dann ist da niemand, der da spricht.

Wenn ich nach innen gehe, fühle ich, wie mein Herz stärker schlägt.

Ignoriere das! Dein wirkliches Herz ist weder innen noch außen. Konzentriere dich auf DAS! Auf was willst du dich sonst konzentrieren?

Das wirkliche Herz ist die Wirklichkeit. Es ist der Urgrund der Welt. Unberührte Wirklichkeit. Wenn du in Frieden bist, stehst du in direkter Beziehung mit diesem Herzen. Wenn du dich auf dieses Herz beziehst oder dich darauf konzentrierst, auf dieses Herz, das weder innen noch außen ist, bist du in Frieden. Dieser Zustand ist kein Wachen, kein Schlafen, kein Träumen. Es ist ein Zustand, der dein eigenes Sein ist, ein transzendenter Zustand. Wenn dieser Zustand gereift ist, wird er dein eigener Zustand sein und dich zu Freiheit führen. Und du wirst Frieden haben.

Wenn du deinen natürlichen Zustand realisierst, ist er hier. Diese ganze Manifestation ist ein kosmischer Spielplatz, und du bist der Tänzer. Dann gibt es kein Annehmen und kein Zurückweisen. Das ist Freiheit, Erleuchtung. Es ist schon hier, nur bist du anderweitig beschäftigt.

Du stülpst dem Urgrund der Inaktivität die Vorstellung von Aktivität („Ich tue dies", „Ich werde das tun") über. Es existiert etwas Inaktives, das durchaus nicht wirkt oder eingreift. Von dort steigt die Vorstellung von Aktivität auf, und du involvierst dich in sie. Wenn du dich dann noch an bestimmte Dinge anheftest, bist du verloren.

Wenn du weißt, woher diese Aktivität aufsteigt, dass sie aus der Nicht-Aktivität, aus dem Nicht-Aktivierten kommt, wirst du Freiheit realisieren. Dann wird sich das Tun nicht in deiner Erinnerung einnisten und wird nicht zu Karma. Kein Karma bedeutet: Alle Vorstellungen von Weltenkreislauf sind vorbei.

Wenn du konzentriert bist und dennoch keine Anstrengung unternimmst, zeigt die Freiheit sich von selbst. Störungen geschehen durch deine Gedanken. Deine Natur ist Frieden. Sei einfach still und sieh, dass kein Gedanke aufsteigt! Wenn kein Gedanke aufsteigt, ist das Frieden. Gedanken gehen immer in die Vergangenheit oder in die Zukunft, und das nennt sich Weltenkreislauf und Leiden. Tu nichts und sieh, wie Frieden zu dir kommt!

Es ist nur diese Gedankenwelle, die die Ruhe des Ozeans stört.

In Wahrheit ist alles in der liebenden Hingabe an Gott enthalten. Du bist einfach gar nicht mehr übrig geblieben, nicht einmal, um zu denken. In der Hingabe gibt es kein Denken. Du kannst nicht fordern oder befehlen. Der Fluß gibt sich dem Ozean hin, ohne Überreste. Es ist so. Wir ergießen unsere Liebe in Gott und in nichts anderem. Die Liebe muss für den ewigen Freund sein, nicht für Dinge, die kommen und gehen.

Da du dich bereits in liebender Hingabe an Gott gegeben hattest, was hast du bekommen, als du Ramana Maharshi begegnet bist?

Vichara (Selbsterforschung). Das hatte ich nie gekannt. Jetzt spreche ich darüber, weil ich es realisiert habe. Mein Meister sprach darüber, und durch seine Gnade ist mir die Erfahrung zuteil geworden. Mein Meister hat mir diese Erfahrung geschenkt.

Ich war in liebender Hingabe dem Göttlichen ergeben, aber etwas fehlte. Es bestand immer noch eine Trennung, was unerträglich war. Ich tanzte mit Krishna, aber nicht für vierundzwanzig Stunden. Manchmal bestand eine Trennung, und das war sehr schmerzhaft. Ich wollte den Zustand stabilisiert haben, vierundzwanzig Stunden lang.

Bis dahin hatte ich keinen Lehrer. Ich reiste quer durch Indien auf der Suche nach einem Guru. Ich pflegte zu fragen: „Haben Sie Gott gesehen? Und wenn ja, können Sie es auch mir ermöglichen? Und was berechnen Sie dafür? Ich werde Ihnen für den Rest meines Lebens dienen." Jeder sagte: „Du musst üben, dich einer Praxis unterziehen."

Aber ich sagte: „Nein. Wenn ich auf den Markt gehe, sehe ich mich nach dem um, was ich will, und ich bezahle. So sollte es sein. Ich bin bereit zu bezahlen, aber haben Sie, was ich will? Warum sollte ich üben?“

Sie fingen an, mich für verrückt zu erklären. Die Schüler des Gurus standen auf und sagten: „Wir sind schon seit vierzig Jahren hier. Uns sind schon graue Bärte gewachsen, und wir haben immer noch nicht den Weg gefunden. Bleib du also hier und übe!“

„Deshalb bin ich aber nicht hergekommen. Wenn der Guru Gott gesehen hat, worin liegt dann das Problem, warum kann er Es mir nicht zeigen?“ Überall bin ich hingegangen und habe gesucht und keine Resultate erzielt.

Dann ging ich enttäuscht nach Hause. Mein Vater war sehr verärgert, denn ich hatte keine Arbeit. Eines Tages saß ich im Haus, und ein Sadhu kam vorbei und bat um Almosen (Bhiksha).

Ich sagte: „Swamiji, du kannst mit mir zu Mittag essen. Du bist durch ganz Indien gereist. Kannst du mir die Adresse von jemandem geben, der Gott gesehen hat?“

Er sagte: „Oh ja, ich kenne eine Person. Geh zu ihm!“ Also gab er mir die Adresse von Ramana Maharshi. „Er lebt in Tiruvannamalai, südlich von Madras.“

Ich schrieb mir die Adresse auf und er zog seines Weges. Ich hatte kein Geld, und mein Vater würde mir kein Geld geben, da er bereits für meine Frau und meine Kinder sorgte. Ich spürte große Scheu, mir Geld zu borgen. Ich hatte Leuten geholfen, aber ich hatte nie Geld von jemand anderem genommen.

Ich hatte einen Freund, der mit Süßigkeiten handelte. Als Jungen hatten wir zusammen geturnt. Er lud mich auf ein Glas Milch zu sich ein. Auf dem Tisch lag eine alte Zeitung. Mein Blick fiel auf die Spalte mit den Stellenanzeigen, und ich begann so nebenbei, sie durchzulesen.

Ich sah eine Anzeige für einen Ex-Armee-Offizier, der in Madras arbeiten sollte. Ich bewarb mich, erhielt Geld und einen

Fahrschein nach Madras sowie einen Monat Zeit, um mich dort zu melden.

Ich fuhr von Punjab nach Madras und zum Ramanasramam. Ich stieg vom Ochsenkarren ab, man wies mir den Weg und sagte mir, dass der Heilige dort in der Halle sei. Als ich hinging, dachte ich, dass es derselbe Sadhu war, der mir die Adresse gegeben hatte.

Ich wurde sehr wütend und bin nicht in die Halle hineingegangen. Ich dachte, das sei derselbe Mann, der sich mit sich selbst gebrüstet hatte. Ich wollte zurück zum Bahnhof.

Ein Mann, der im Ashram lebte, folgte mir nach draußen und fragte mich: „Bist du nicht aus dem Norden? Du bist diesen ganzen langen Weg hierher gekommen. Warum nicht ein wenig bleiben?"

Ich sagte ihm: „Nein, dieser Mann ist ein Betrüger. Er hat mir seine eigene Adresse gegeben, darum will ich ihn nicht sehen oder hierbleiben."

Der Mann erwiderte: „Nein, du machst einen Fehler. Das kann nicht er sein. Er hat sich seit fünfzig Jahren nicht von hier fortgerührt. Er kam schon als Junge her. Er muss sich dir durch seine besonderen Kräfte gezeigt haben."

Ich glaubte ihm nicht, aber er bestand darauf und nahm mein Gepäck und gab mir ein Zimmer. Gleich darauf läutete die Glocke zum Mittagessen. Der Maharishi war während des Essens in der Halle und ich konnte genau sehen, dass er dieselbe Person war, der ich in Punjab begegnet war. Ich beschloss nun, trotzdem mit ihm zu reden.

Nach dem Essen gingen alle hinaus, während er alleine in der Halle blieb. Ich wusste nicht, dass ihn nach dem Mittagessen niemand aufsuchte. Ich ging in die Halle und wurde vom Hausmeister aufgehalten, weil es die Zeit war, da der Maharishi sich ausruhte. Der Maharishi sah mich aber an und bedeutete mir, näher zu treten.

Ich sprach ihn an und sagte: „Bist du nicht dieselbe Person, die mir vor fünfzehn Tagen in Punjab begegnet ist?“ Er blieb einfach still.

Ich sagte: „Ich verstehe Stille nicht. Bitte sprich!“ Er sprach nicht. Ich war nicht zufrieden mit ihm, nicht zufrieden mit dieser Stille, die ich noch nie gehört hatte.

Dennoch, dachte ich, dieser Ort ist nett. Er ist sehr anziehend, sehr heilig. Wenn ich schon einmal hier bin, dann gehe ich auf die andere Seite des Hügels. So wanderte ich also alleine vier Meilen vom Ashram weg auf der Suche nach meinem Krishna.

Nach einer Weile war es Zeit, wieder zu gehen und nach Madras zurückzukehren, um meine Arbeit anzutreten. Ich kam, um mich vom Maharishi zu verabschieden. Er sagte: „Du bist nicht gekommen, um mich zu sehen.“

Ich antwortete: „Nein, ich habe auf der anderen Seite des Hügels gewohnt, und jetzt gehe ich nach Madras.“

Er fragte mich: „Was hast du denn gemacht?“

Ich erwiderte mit Stolz: „Ich habe mit meinem Krishna gespielt.“

Er sagte: „Sehr gut. Du hast Krishna gesehen?“

„Ja“, bestätigte ich stolz.

„Siehst du ihn jetzt?“

„Nein. Jetzt nicht. Wenn ich eine Vision habe, dann sehe ich ihn. Jetzt sehe ich ihn nicht.“

Daraufhin fragte er: „Also Krishna erschien und verschwand?“

Dann fuhr er fort: „Was erschien, ist verschwunden. Der Seher ist noch hier. Gott kann kein Objekt sein, das auftaucht und verschwindet. Also finde heraus, wer der Seher ist!“

Zum allerersten Mal hörte ich: „Finde heraus, wer der Seher ist!“

Mit dem Meister ist mir die Erfahrung zuteil geworden. Diese Erfahrung war bereits hier. Wenn wir Gott lieben, denken wir, er sei ein Objekt. Er ist aber das Subjekt. Du musst dich dem Subjekt hingeben. Das Ego ist das Objekt.

Du gehst in dem Subjekt auf, so dass kein Objekt zurückbleibt. Gott wird sprechen, Gott wird gehen, Gott wird sehen. Das habe ich von meinem Meister. Ich sah den Seher. Ich realisierte den Seher durch meinen Meister und warf mich vor ihm nieder.

Dann kehrte ich nach Madras zurück, um meiner Verpflichtung nachzugehen. An allen Feiertagen, auch jeden Sonnabend und Sonntag ging ich zurück nach Tiruvannamalai, um mit ihm zu sein. Es war ja nur vier Stunden entfernt. Alles war gut. Dieselbe liebende Hingabe – ob im Ashram oder im Büro, kein Unterschied. Wissen und liebende Hingabe wirken gemeinsam. Wenn du weißt, dann wirst du Gott lieben. Und wenn du Gott liebst, wirst du wissen. Dann sind Vichara und Bhakti ein und dasselbe.

Aber die Menschen sind nicht bereit, denn im Ego wird das Herz an einen anderen – Freunde oder andere Objekte – verkauft. Was soll dann hingegeben werden? Was ist da, um es zu geben? Womit kannst du lieben, wenn es schon an jemand anderen verkauft ist?

Ein Swami erzählte mir von den verschiedenen Zuständen des Samadhi, und ich frage mich, was du darüber denkst. Er sagte, Sahaj Samadhi sei der höchste Zustand.

Der höchste Zustand ist der Nicht-Zustand.

Ist es das, worin du verankert bist?

(Papaji lacht und rollt mit den Augen) Was soll man da sagen? Höchster Zustand ist Nicht-Zustand ... Zustandslosigkeit. Wer hat diesem höchsten Zustand einen Namen gegeben? Um ihm einen Namen zu geben, müsste jemand über ihm sein, höher als der höchste Zustand. Eltern geben ihren Kindern Namen, weil

sie vor dem Kind geboren wurden. Um den höchsten Zustand zu benennen, muss jemand da sein, der höher ist als der höchste Zustand, und ich weiß nicht, wer das sein könnte. Alles ist vom Mind geschaffen. Wenn kein Mind da ist, ist auch kein Zustand da. Deine wahre Natur ist Nicht-Zustand. Leg alle Konzepte ab, und dies wird dein eigener Zustand sein, ob du gehst, redest, isst oder schläfst!

Wenn eine Brise dem Fischmarkt, dem Garten oder dem Friedhof einen Besuch abstattet, nimmt sie etwas an oder weist sie etwas zurück? So ähnlich verhält es sich mit diesem zustandslosen Zustand.

Aus der Sicht der Unfreiheit können Zustände entstehen. Aus der Unfreiheit gesehen ist der Mind deinem eigenen Selbst gegenüber nicht offen. Der Mind hat sich der höchstheiligen Macht nicht ganz und gar hingegeben. Daher kann es Zustände und Stufen der Unkenntnis oder Unfreiheit geben, nicht aber Weisheit.

Wenn jemand stirbt, den du liebst, entsteht dann Traurigkeit? Hast du Emotionen im zustandslosen Zustand?

Ja, wenn alle um die gegangene Seele weinen, weinst du mit ihnen. Wenn sie auf der Hochzeit tanzen, tanzt du mit ihnen. Von hier aus kannst du alles tun, denn du kennst die Wirklichkeit. Du befindest dich auf der Bühne, und diese Rolle ist dir zugewiesen. Dieses Drama ist dir zugewiesen – also bist du manchmal ein König und manchmal ein Sklave. Wenn du weißt, dass du der Ursprung bist, kannst du jede Rolle spielen, und dich trifft kein Makel.

Wenn man sich also nur daran erinnert, wer man ist ...

Nein, nicht Erinnern. Erinnern ist abhängig von der Erinnerung. Darum geht es hier nicht. Ein Mensch muss sich nicht daran erinnern, dass er ein Mensch ist. Er verwechselt sich doch nicht mit einem Esel. Er weiß sehr gut, dass er ein Mensch ist, ohne sich erinnern zu müssen. Mach dich mit dir selbst bekannt, dann besteht keine Notwendigkeit zur Erinnerung!

Wenn du es selber nicht vermagst, geh zu jemandem und nähere dich ihm in aller Demut, diene ihm und frage, wie du vom Leiden erlöst wirst!

Warum leben so viele Menschen in der Täuschung?

Weil sie ihre Augen nicht der Sonne öffnen. Die Sonne ist nicht schuld daran.

Ist jeder frei, das zu tun?

Jeder ist frei, seine Augen zu öffnen, Schließ die Augen, und du wirst nichts sehen! Steht es dir nicht frei, deine Augen zu öffnen? Die meisten Menschen öffnen ihre Augen nicht, und sie sehen nichts. Es ist dein freier Wille, deine Augen jetzt zu öffnen.

Weil ich Teil des Ganzen bin, gehe ich davon aus, dass es hier kein individuelles Selbst und keine individuelle Freiheit gibt. Es geschieht einfach. Bin ich demnach frei, meine Augen zu öffnen?

Du bist frei. Freiheit hält dich von nichts zurück. Aber du musst wissen: „Jetzt öffne ich die Augen." Jeder denkt: „Meine Augen sind blind." Niemand ist blind, nur bedauernswert.

Also ist jeder frei?

Ja, aber sie fühlen nicht, dass sie frei sind, weil sie auf eine Wand sehen. Verlangen ist diese Wand. Alles Verlangen gehört zur Vergangenheit. Wenn du also kein Verlangen hast, sind deine Augen offen. Probier es jetzt und sag es mir! Lass kein Verlangen zwischen dir und der Freiheit stehen, nicht einmal eine Sekunde lang, und sag es mir!

Da ist nichts. Nur Leerheit.

Richtig. Wer hat also jetzt deine Augen geöffnet? Das Verlangen war die Wolke. Jedes Verlangen ist eine Wolke.

Die schnellste, die direkteste Methode, die nur für einige wenige, sehr helle Leute taugt, ist die Selbsterforschung. Du kannst auf der Stelle erleuchtet sein. Alle anderen Methoden werden dich letztendlich hierher führen. In der Verehrung besteht eine Dualität zwischen dem Verehrenden und dem Göttlichen. Schließlich und endlich muss sich der Verehrende vollständig dem Göttlichen hingeben. Tut er das ganz und gar, hat er kein Sagen mehr. Dann wird sich das Göttliche um ihn kümmern.

Aber niemand macht das so. Bhakti ist Liebe, ein Zauber. Es geht nicht darum, einfach für eine Stunde in den Tempel zu gehen. Es ist ein Wunder, das du niemals auch nur für einen einzigen Moment vergessen kannst. Es ist eine wirkliche Liebesbeziehung mit deinem eigenen Selbst. Wenn du dich dem Göttlichen ganz hingibst, ist deine Arbeit getan. Gib dich hin oder erforsche dein Selbst! Es gibt noch viele andere Wege wie Yoga oder Tantra, aber ich sehe nicht, dass sie in wirklicher Freiheit münden.

Wenn ich die Frage „Wer bin Ich?" stelle, scheint das doch ein Prozess oder eine Praxis zu sein.

Hör gut zu: Das ist es nicht. Wenn du diese Frage „Wer bin Ich?" stellst, führe ich dich damit nicht woanders hin. Wenn ich dir sage, du solltest auch nur zwei Schritte irgendwohin gehen, mag das ein Prozess sein. Wenn ich dich aber anweise, dort zu bleiben, wo immer du auch bist, musst du hier bleiben. Ist das ein Prozess?

Sieh einfach, von wo diese Frage aufsteigt! Denk nicht darüber nach, geh nicht nach außen oder sonstwohin und bemühe dich nicht auf irgendeine Art und Weise! Sei einfach wach und bewusst! Bist du denn nicht bewusst, wenn du die Frage stellst?

Ja.

Und bevor die Frage aufsteigt, bist du dir nicht bewusst darüber, dass im Mind keine Frage ist?

Ja, aber was ist sich bewusst über...

Du hast es nicht begriffen. Bist du dir nicht bewusst – sei es über eine Frage oder eine Aktivität? Bist du dir nicht bewusst über das, was immer du auch tust? Wenn du isst, bist du dir des Essens bewusst. Wenn du tanzt, bist du dir darüber bewusst, dass du tanzt. Und wenn du nicht isst oder tanzt, bist du dir dessen nicht dennoch bewusst?

Diese Bewusstheit ist dein Selbst. Ob du etwas tust oder nicht, diese Bewusstheit ist deine Natur.

Ja, ich weiß das.

Wissen sollst du es nicht. Wissen ist etwas anderes. Ich bitte dich, einfach nur dort zu sein.

Das nennt man Bewusstsein. Jede Aktivität oder keine, jede Sadhana oder Praxis hat ihren Anfang im Bewusstsein. Und wenn du dir innerhalb des Bewusstseins über das Bewusstsein bewusst bist, gibt es kein Problem – was immer du tust. Niemand weiß dies und deshalb leiden alle.

Wie ist es möglich, ohne eine Methode zu erwachen? So viele Menschen üben sich in Praktiken ...

Die Menschen, die nicht zur Selbsterforschung bereit sind, sind nicht bereit für den letzten Angriff. Also fühlen sie sich zu Yoga und anderen Wegen hingezogen. Letztendlich wird sie das zu derselben Selbsterforschung führen. Ohne diese Selbsterforschung gibt es keine Freiheit. Alles andere ist demnach ein Hinausschieben derselben.

In allen Praktiken, siehst du, ist der Mind beteiligt. Jedesmal wenn du übst, beschließt du – mit dem Mind – zu üben, und du brauchst Körper und Mind dafür. Die Selbsterforschung setzt direkt an der Wurzel des Mind an.

In der Übung arbeitest du mit dem Mind. „Ich meditiere“, sagst du. Das ist der Mind, das Ego, welches anfängt zu meditieren. Wofür und für wen?

In der Selbsterforschung wird der Mind an seiner Wurzel herausgefordert, konfrontiert. Wenn du hingegen sagst: „Ich meditiere“, dann wird der Meditierende nie konfrontiert. Du setzt dir ein Ziel in der Zukunft für etwas, das es aus der Meditation zu gewinnen gilt. Dieses zukünftige Ziel muss auf einer Vorstellung in der Vergangenheit beruhen. Also tauchst du flüchtig in die Vergangenheit ein, nicht in die Gegenwart. Möglich, dass du dieses Ziel erreichst; da es aber nicht hier, nicht *vor* dem Üben liegt, bedeutet dein Üben, etwas zu bekommen, das *nicht* bereits hier ist. Etwas ist abwesend und du trachtest danach, etwas zu erreichen, das abwesend ist; dadurch leugnest du die Gegenwart dessen, was bereits gegenwärtig ist.

Was immer du gewinnst, wirst du wieder verlieren, weil es seiner Natur nach nicht ewig ist. Trachte deshalb nicht nach Dingen, die jetzt nicht hier sind. Selbstverständlich kannst du hinterfragen: „Wer ist derjenige, der meditieren wird und was ist die Absicht seiner Meditation?“ Bevor du irgendetwas tust, musst du das Problem selbst lösen, du selbst. Setz dich ruhig hin und entdecke, wer der Meditierende ist, bevor du dich einer Praxis unterziehst! Zu üben, ohne zu wissen, wer da übt, mündet nicht in Freiheit und Wahrheit.

Selbsterforschung ist am besten, um Freiheit zu gewinnen – hier und jetzt, ohne jegliche Anstrengung. In anderen Praktiken benötigst du Anstrengung, brauchst du Subjekt und Objekt. Der Meditierende wird zum Subjekt, und Feiheit wird als das Objekt objektiviert. Freiheit ist kein Objekt, sie ist das Subjekt, und du musst vom Subjekt ausgehen. Das Subjekt ist frei, immer. Warum also nicht mit dem Subjekt, welches nach der Freiheit sucht, beginnen und hinterfragen: „Wie bin Ich denn in Fesseln und in Ketten?"

Wo ist die Knechtschaft? Vielleicht ist die Knechtschaft ein Konzept. Du glaubst, du bist unfrei, und du *bist* unfrei. Dann nimm ein anderes Konzept! „Ich bin frei" ist ein Konzept, geeignet, das vorherige Konzept von „Ich bin unfrei" umzustürzen. Indem das vorherige Konzept von Unfreiheit abgelegt wurde, fällt auch dieses weg.

Was bleibt? LEERHEIT. Freiheit bedeutet nicht, dass du etwas zu gewinnen hättest. Wenn du alle Meinungen und alle Ideenbildung zurückstößt, musst du hier nichts tun, da Freiheit keine Meinung ist. Es ist das Geburtsrecht eines jeden Menschen. Diese gesegnete Inkarnation ist die letzte, sofern es dich nach Freiheit verlangt.

Ansonsten wartet eine weitere Runde auf dich. Warum noch eine Runde? Weil all dies Imagination ist, und Imagination hat nie ein Ende. Ein Kind sieht einen Geist im Zimmer, und für das Kind ist es ein Geist. Das Kind hat große Angst, aber in Wirklichkeit hat der Geist nie existiert.

Du sagtest, dass jeder, dem du begegnet bist, Müll mit sich herumträgt, also habe ich die Hoffnung aufgegeben.

Aber ich sagte doch: „Wirf den Müll weg!" Hast du das getan?

Nein.

Dann hast du allerdings Recht, es gibt keine Hoffnung. Hoffnung selbst ist Müll. Erwartung ist Müll. Die Erwartung, zu einem späteren Zeitpunkt etwas anderes zu werden, ist ein Korb voll Müll auf deinem Kopf. Wenn du es nicht wegwerfen willst, wenn du es gern hast, dann behalte es. Wir brauchen auch Leute für diesen Job. Jede Stadt braucht Leute, die den Müll wegschaffen. Da ich gesagt habe: „Wirf den Müll weg", und du hast ihn nicht weggeworfen, musst du diesen Beruf wohl mögen.

Ich mag ihn nicht.

Aber du sagtest, es bestehe keine Hoffnung, den Müll wegzuwerfen. Was heißt das nun? Wenn du Müll magst, bist du Müll. Du wirst zu dem, was du denkst. Wenn du an Müll denkst, wirst du Müll. Zu dem Zeitpunkt, da du an Müll denkst, was bist du zu dem Zeitpunkt? Wer solltest du sein? Wenn du zu dem Zeitpunkt an Müll denkst, was riechst du überall?

Müll.

Müll, ja. Du wirst dich so an Müll gewöhnt haben, dass du auf der Müllhalde selbst lebst. Du wirst gar nicht aus dem Müll herauswollen. Diese Manifestation ist Müll. Wenn du einen Gedanken aufsteigen lässt, lädst du Müll ein und musst leiden. Dieser Gedanke ist Müll. Wenn du ihn aufsteigen lässt, ist all dieser Müll manifestiertes Leiden, und was sich manifestiert, ist Tod.

Lass keinen Gedanken aufsteigen und sag es mir! Hör nicht nur hin! Dies muss erfahren werden. Lass diesen Gedanken „Ich bin so und so" nicht aufsteigen! Lass diesen Gedanken *Ich* nicht aufsteigen und sag mir, wo du bist! Denk nicht, tu es einfach und sag es mir! Wo bist du jetzt?

Nirgendwo.

Im Nirgendwo, riechst du da Müll?

Nein.

Also bleib da, im Nirgendwo, und was ist dann das Problem hier?

Das Problem ist, dass ich keine Schwierigkeiten finden kann.

Geh tiefer und sag es mir noch einmal! Schau darunter! Es ist unergründlich, es lässt sich nicht ausloten. Geh tiefer hinunter und sag es mir! Denk nicht! Denken ist Müll. Geh tiefer! Du hast gesagt, das Problem ist, dass kein Problem da ist. Geh tiefer darunter und sieh!

Ich bin frei.

Frei von Problemen und frei von keinen Problemen.

Was hast du also getan, um frei zu sein? Schau in dir selbst nach, und was siehst du? Schau nicht hierhin und dorthin oder nirgendwohin! Dann ist dieser Blick ein Nicht-Blick. Dieser Blick ist Bewusstsein selbst. Wo kein Hier ist und kein Dort und kein Wo, ist Bewusstsein selbst, wo alles aufsteigt, wo alles zurückfällt.

Alles steigt auf und fällt. Und du bist nicht berührt. Diese Manifestationen, diese Zerstörungen, Auflösungen – du bist nicht berührt, nicht im Mindesten betroffen. Diese Manifestation ist ein Gemälde in der Leerheit. Kannst du ein Bild in den Raum malen? Dies ist ein Bild (Manifestation genannt), in den leeren Raum gemalt.

Wenn du also nach innen schaust, ist dieses Bild nie gemalt worden. Niemand kann jemals ein Bild in den leeren Raum malen. Du brauchst eine Wand, auf die du malen kannst, eine Leinwand, auf die du malen kannst, einen Hintergrund, auf den du malen kannst.

Werde zu diesem Hintergrund und schaue dieses Gemälde der Manifestation! Tatsächlich hat nichts jemals existiert. Nichts existiert immer noch. Nichts wird je existieren. Dies ist die endgültige Wahrheit, und einfach indem das *Ich* verloren geht, wird es realisiert.

Worin besteht die Schwierigkeit? Du musst nirgends hingehen. Bleib einfach still und frage: „Wer bin Ich? Wo bin Ich? Was will Ich?", und du wirst im Augenblick die Antwort haben.

Wenn du einmal weißt, kannst du da nicht mehr herauskommen. Überall, wohin du dich bewegst, bewegst du dich in Bewusstsein. Vorher waren die Ebenen verschieden, von Unbewusstsein zu Unbewusstsein. Du hast dich verlaufen.

Bewusstsein allein *ist*, und nichts existiert jemals außerhalb dieses Bewusstseins. Wenn du es einmal erkannt hast, wirst du eins mit diesem Bewusstsein. Es gibt kein Subjekt und kein Objekt. Es gibt keine Erfahrung und nichts Erfahrenes. Das nennt man Freiheit von allem.

Dies ist der Moment, der Augenblick, von dem wir sprechen. Ich glaube, du bist in dem Augenblick. Wenn es ein Problem gibt, frag mich!

Ich will, dass du unmittelbar in Erfahrung eintrittst und nicht intellektuell verstehst. Dieser Intellekt nimmt die Form dessen, was du denkst, an, und du wirst vielleicht wieder hereingelegt. Bei allem, was du denkst, alles, was du denkst; dieser Gedanke manifestiert sich.

Irgendwann einmal hast du darüber nachgedacht, und hier ist es. Es wird augenblicklich aufhören, wenn du diesen Moment beschließt: „Nicht mehr! Genug!"

Das ist ein großes Glück, in diesen Moment eingetreten zu sein. Großes Glück. Vollständig bewusst ist *Ich*. Alles ist *Ich*. All diese *Ichs* sind inmitten dieses *Ich*. Dies ist vollständiges *Ich*, in welchem Vergangenheit, Gegenwart und Zukunft erscheinen.

Werde alle Ansichten, Absichten und Erwartungen los! Zwischen diesem und jenem, zwischen Vergangenheit und Zukunft erforsche das Sein! Du wirst dein Versprechen erfüllen, dieses: „Wenn ich eine menschliche Form annehme, werde ich erleuchtet."

Diese Inkarnation als ein menschliches Wesen ist gesegnet. Der einzige Zweck dieses Lebens wird sich erfüllt haben, wenn du frei bist. Ansonsten hört dieses elende Leiden nicht auf. Dieses Gewand als menschliche Form ist einzig und allein zum Zweck der Freiheit gemacht. Alles andere hast du durch andere Spezies genossen. Durch „acht Komma vier Millionen" Spezies bist du hindurchgegangen, um vor mir zu sitzen. Es ist nicht schwierig, frei zu sein. Freiheit ist in dir. Liebe ist in dir, und du suchst im Supermarkt. Dieses Samsara ist ein Supermarkt, wo man mit Waren handelt. Dreh ihm deinen Rücken zu, und du bist frei! Kehr nach Hause zurück!

Die Sonne ist so groß, viel größer als die Erde, und doch kann eine einzige Wolke die Sonne verbergen. Gedanken sind Wolken. Genauso verbirgt der Ich-Gedanke das Selbst. Der Ich-Gedanke verbirgt Frieden, Schönheit und Liebe. Wie kann man die Wolke entfernen? Durch Selbsterforschung, Hinterfragung. Hinterfrage! Und sie wird verschwinden, wenn du hinterfragst, weil sie nicht wirklich ist.

Poonjaji, kannst du mir helfen?

Na, lass uns sehen! Du warst fünfzehn Jahre lang in Pune. Hast du bekommen, was du wolltest?

Na ja, ich bin sehr gewachsen.

Lass uns annehmen, du gehst in ein Restaurant, um gut und viel zu essen. Als du herauskommst, sagt ein Freund: „Lass uns in das nächste Restaurant gehen!" Wirst du gehen?

Nein, ich bin schon satt.

Also, ich frage dich: „Bist du satt? Hast du in Pune bekommen, was du wolltest?"

Nein.

Was willst du also?

Reines Bewusstsein.

Sehr gut. Wie kommst du also dahin? Wenn du im Büro bist und du wirst angerufen, dass dein Haus abbrennt, was würdest du tun?

Ich würde sofort nach Hause fahren.

Gut. Auf dem Weg schlägt dir ein Freund vor: „Lass uns in ein Restaurant gehen!" Was wirst du tun?

Ich gehe nach Hause.

Nach Hause gehen. Ja. Warum? Weil dein Haus brennt. Du musst dich zuerst um das Haus kümmern, nicht wahr? Vielleicht isst du überhaupt nicht an diesem Tag, richtig? Vielleicht vergisst du das Mittagessen. Du denkst auch nicht an Freunde auf dem Weg. Genauso komm zu mir, um Bewusstsein zu sehen! Okay?

Gut. Denk nicht an Vergangenheit oder Zukunft! Die Vergangenheit ist ein Friedhof. Sie ist das Büro, und du stürmst auf dein Haus zu. Wenn du nicht an die Vergangenheit denkst, kannst du auch nicht an die Zukunft denken. Um an die Zukunft zu denken, musst du in der Vergangenheit stehen. Also sind Vergangenheit und Zukunft nicht in deinem Mind. Der Mind selbst ist nur Vergangenheit und Zukunft, also denk jetzt nicht! Okay?

Nur für ein paar Sekunden. Ich will nur ein paar Sekunden aus deinem ganzen Leben. Okay?

Kein Gedanke, keine Vergangenheit, keine Zukunft. Jetzt sag mir: „Wer bist du?" In diesem Nicht-Denken stehst du von Angesicht zu Angesicht mit Bewusstsein und Bewusstsein mit dir. Sag mir also: „Wer bist du?"

Ich bin Bewusstsein.

Ja, sehr gut. Jetzt sieh dich um, und was siehst du?

Ich sehe überall Leerheit.

Ja. Leerheit überall. Jetzt, in der Leerheit, lass einen Gedanken aufsteigen! Jeder Gedanke tut's. Von wo kommt er?

Er kommt aus der Leerheit.

Sehr gut. Und was ist er?

Er ist leer!

Ja. Jetzt lass ihn zurücksinken in die Leerheit, und was passiert?

Es ist wie eine Blase, die sich formt und dann zurücksinkt.

Ja. Und was siehst du?

Leerheit überall – sogar Gedanken, Menschen; die Welt ist leer.

Sehr gut. Und diese Erkenntnis?

Auch leer!

Den vollständigen Tod wählen

Ich fühle mich so, als wäre ich fast da, aber es scheint so, als warte eine Todeserfahrung auf mich. Gibt es eine Todeserfahrung?

Während der Regentropfen vom Himmel fällt, hat er Angst. Dieses Fallen ist eine Übergangsperiode. Der Regentropfen befürchtet, er gehe verloren. Er wird fallen und zerstört werden. Aber wenn er in den Ozean fällt, löst sich diese Angst auf, weil der Regentropfen zum Ozean selbst geworden ist.

Angst wird kommen. Es kann keine Erklärung geben außer der, dass das lästige Ego erlebt, dass es stirbt. Aufgrund unserer jahrelangen Assoziation mit dem Ego glauben wir, dass *wir* sterben.

Wenn wir wirklich leben, sind wir frei. Wenn wir die Ewigkeit berühren, ist diese Todeserfahrung der vollständige Tod. In der Welt stirbt ein jeder nur, um dann wiedergeboren zu werden. Und so stirbt niemand wirklich.

Die Möglichkeit liegt im tatsächlichen Tod des Ego, dem tatsächlichen Tod der Unwissenheit. Mit diesem vollständigen Tod wird das Ego nicht wiedergeboren. Du bist ewig geworden. Der vollständige Tod bedeutet, niemals wiedergeboren zu werden.

Dieser Tod ist vollständiger Tod, wenn du ewig geworden bist, indem du diesen Kreislauf durchbrochen hast. Angst mag eine Weile da sein, aber dann ist auch überwältigendes Glücklichsein da.

Eines Tages fuhr ich von Bangalore zu meinem Bergbau-Camp. Ich hielt an, um etwas Wasser in den Kühler meines Jeeps zu füllen. Ich ging zu einem See, und ich sah eine Schlange. Sie hatte einen Frosch an einem Bein zu fassen bekommen. Unterdessen kamen einige Fliegen in die Nähe des Frosches und der Frosch fraß die Fliegen.

Ich war überrascht. Was sollte ich tun? Ich könnte einen Stock holen und den Frosch befreien. Aber die Schlange lebt vom Frosch und der Frosch von den Fliegen. Und so sehe ich das Dharma in dieser Situation.

Wenn ich den Frosch aus dem Maul der Schlange befreie, wird sich die Schlange an mir vergehen. Der Frosch ist schon halb tot, und für den Rest seines Lebens wird es ihm schlecht gehen.

Und die Fliege kann ich auch nicht retten. Also dachte ich, es sei besser, von hier zu verschwinden und nicht in das Weltgefüge einzugreifen. Bereite keinen anderen Wesen Kummer, und sei selber unbekümmert!

Wie ein Frosch, vom Moment, da wir geboren werden, vom ersten Tag an sind wir im Maul des Todes. Jeden Moment saugt er an uns. Der gestrige Moment ist schon vorbei. Die Schlange hat bereits gewonnen. Ein Tag unseres Lebens ist bereits vergangen.

Wir sind mit anderen Vergnügungen beschäftigt und genießen unsere Ablenkungen, nicht wissend, dass unser Blut im Maul der Schlange ist, die noch von keinem jemals abgelassen hat.

Denk daran – mit einem Bein im Maul der Schlange – und vielleicht wirst du deine Aufmerksamkeit etwas anderem schenken. Nur indem wir uns erkennen, können wir diese Schlange, die sich Tod nennt, umgehen. Dann wirst du wissen, dass du nicht der Körper bist; und der Tod nimmt nur den Körper, nicht den, der dem Körper innewohnt. Der, der dem Körper innewohnt, ist ewig.

Wenn du weißt, wer du bist, kann dir der Tod nichts anhaben. Du wirst um den Tod dieses Körpers nicht mehr trauern, als du um das Ablegen deiner Jacke trauerst.

Millionen von Jahren hast du diesen Tod schon ertragen, tu es also jetzt zum letzten Mal!

Entferne alles, was du schließlich doch verlieren wirst! Entfernen heißt, sich nicht mit etwas zu identifizieren, nicht an etwas anzuhaften, das vergänglich ist. Es nützt nichts, es behalten zu wollen. Dieses Leben wird, ohne einen Gedanken, sehr glatt und reibungslos verlaufen.

Ich kämpfe mit mir selbst. Jeden Morgen, wenn ich für Satsang anstehe, möchte ich mich vordrängeln, um dir nahe zu sein. Aber dann sage ich mir: „Keine Anstrengung, nein, nein, geh zurück." Ich muss mich vorschieben, und dieser Kampf ist in mir.

Wenn du nicht schiebst, wirst du die Kraft der Anziehung sehen.

Ich fühle die starke Anziehung.

Damit dich etwas ziehen kann, musst du alle Anstrengung aufgeben, musst dir gestatten, dich ziehen zu lassen. Wenn du im Fluss in einen Strudel gerätst – musst du schieben oder wirst du hineingezogen? Wer wird das Boot in den Strudel stoßen? Es wird hinein- und hinuntergezogen und du wirst gezwungen, in den Strudel hinabzusinken, um nie wieder aufzutauchen. Das ist dieses Ziehen.

Wirf deine Ruder weg! Zerbrich den Mast! Erlaube deinem Boot, in die Flut des Strudels hineingezogen zu werden, und verhalte dich ruhig! Der Rest wird getan werden.

Ich vertraue nicht darauf, dass es geschieht, wenn ich es nicht tue.

Das geschieht von selbst. Du bewegst dich auf den Strudel zu; es geschieht von selbst. Du musst dich nicht anstrengen. Verhalte dich ruhig und wirf alles, was du hast, weg und zerbrich den Mast! Rudere nicht mehr! Das ist es, was du tun musst.

Es wird ein sehr leichtes Segeln sein. Wenn du ruderst, wirst du müde, und manchmal passieren Unfälle. Ohne Ruder und ohne zu rudern wird es gar keine Unfälle geben. Versuch's! Rudere das Boot nicht! Du wirst mit dem Fluss treiben.

Was ist der Intellekt, und gibt es so etwas wie eine Wahl?

Die Wahl kommt vom Intellekt. Der Intellekt wird dir sagen: „Das ist ein Trugbild. Geh im Wüstensand nicht baden! Wenn es heute Morgen oder in der vergangenen Nacht nicht hier war, dann kann es nicht real sein." Das ist Intellekt.

Es wäre die falsche Wahl, in den Sand zu gehen, um zu schwimmen und deinen Durst in der Fata Morgana stillen zu wollen. Dann trinkst du Sand. Wenn du dich ruhig verhältst und alles vernünftig bedenkst: „Es war vorher nicht hier, also ist es nicht wirklich und ich werde nicht versuchen, darin zu schwimmen", nennt man das einen scharfen Intellekt.

Es zeugt von scharfem Intellekt, fest zu beschließen, dass der Sand Sand ist und der Fluss Fluss. Bring den Mind, den Intellekt und den Atem zurück zum Ursprung. Und diese Wahl wird die richtige Wahl sein. Andernfalls wird keine Wahl ganz die richtige sein.

Aber können wir wirklich eine Wahl treffen?

Wie taucht diese Wahl auf? Es war einmal ein junger Prinz, der schlief mit seiner Frau auf der einen Seite und seinem neugeborenen Sohn auf der anderen.

Ich werde dir die Wahl dieses Mannes von vor mehr als 2.500 Jahren zeigen. In der Nacht wachte er auf und er traf eine Wahl: „Lass mich Freiheit erlangen."

Woher kommt diese Wahl? Sein Vater war da, glücklich in seinem Königreich. Andere weltliche Prinzen waren da, die mit ihren Königinnen schliefen. Alle anderen Könige, alle anderen Wesen schlafen immer noch mit ihren Königinnen. *(lacht)* Wie verhält es sich mit dieser Wahl? Von wo taucht diese Wahl auf?

Von jenseits.

Ja. Von jenseits. Also geh zum Jenseits! Dein Teil der Aufgabe ist es, zum Jenseits zu gehen. Und dann übernimmt Es die Führung. Es wird jede alltägliche Routine, alle Verpflichtungen in deinem Leben leiten. Dieser Prinz, von dem ich sprach, führte ein wunderschönes Leben. Jahrhunderte sind vergangen, und immer noch werden wir von ihm inspiriert. Das ist eine Wahl.

Papaji, was ist die Hölle?

Hölle ist der Mind, der sich nach außen kehrt und sagt: „Ich bin der Körper." Das ist die Hölle hier und jetzt. Wie kannst du Frieden finden, wenn der Mind entscheidet, dass das Spielfeld nur der Körper ist? Keiner, kein Körper kann wirklichen Frieden finden; jeder, jeder Körper wird sterben.

Und was ist Himmel? Der Mind, der sich nach innen wendet. Wie es in der Bibel heißt: „Das Himmelreich ist in dir." Und wie lässt sich dieses Himmelreich gewinnen? Gib dich der Bewusstheit, dem Gewahrsein hin.

Bewusstheit, Sein, Endlosigkeit – das nennt man Himmel, Freiheit, Erleuchtung. Das ist Emanzipation von dem Prozess, durch den man Millionen von Jahre gegangen ist. Der Mind, der sich nach innen wendet, wird zum ersten Mal seine eigene Schönheit, seinen eigenen Ursprung sehen und wird sich nicht wieder zu dem zurückwenden, was Unruhe stiftet. Du bleibst immer bei dem, was du am meisten liebst. Von dort gibt es kein Zurück.

Es ist deine Entscheidung. „Jetzt habe ich mich entschieden, Freiheit zu gewinnen, Liebe zu haben, Bewusstsein über das Sein selbst zu haben. Zum ersten Mal will ich Heiligkeit haben." Diese Entscheidung steht zuallererst. Dies ist die einzige Entscheidung, die du treffen musst. Gib dich an *Sein, Bewusstheit und Glückseligkeit* hin!

Jene, die beschlossen haben: „Ich muss mich selbst erkennen. Ich muss nach Hause zurückkehren", werden es unmittelbar erhalten. Das ist das wahre Dharma. Das wird dich zu deinem eigenen Gewahrsein zurückbringen.

Früher hat man sich Sadhanas, Tapas und Praktiken unterzogen, um Freiheit und Erleuchtung zu gewinnen. Aber wir sind hier, und jetzt könnt ihr Freiheit sofort erlangen, auf der Stelle. Es ist neu, aber es ist sehr wahr.

Wenn du etwas gern hast, wirst du dich sicher auf der Stelle verlieben. Es ist eine Romanze. Mit einem Blick wirst du alles vergessen. Ein Blick ist genug.

Der Mind muss entscheiden, was schön ist und was hässlich. Der Mind, wo immer er auch hinreist, liebt Schönheit, weiß aber nicht wirklich, was Schönheit ist.

Es war einmal ein persischer Diamantenhändler, der nach Indien kam, um den indischen Moghul-Königen Diamanten zu verkaufen. Während er auf dem Weg in ihre Hauptstadt Delhi war, kam er durch Punjab, wo er an den Jalum-Fluss gelangte.

Er erblickte ein sehr schönes Mädchen, welches kam, um einen Krug mit Wasser zu füllen. Sie hatten einander kurz angeschaut, und er folgte ihr nach Hause. Es stellte sich heraus, dass sie die Tochter eines Töpfers war.

Er setzte sich unter einen Baum und vergaß alles um sich herum und hatte nur das Mädchen im Sinn. Wieder und wieder ging er zum Haus des Töpfers und kaufte Töpfe. Alles, womit er zahlen konnte, waren seine Diamanten. Also kaufte er mit Diamanten Töpfe. Wieder und wieder ging er hin, nur um seine Liebe zu sehen. Er gab alle seine Diamanten aus.

Weil er ein Fremder war, gestatteten ihre Eltern ihr nicht, ihn zu heiraten. Der Mann verbrachte den Rest seines Lebens unter dem Baum. Er vergaß seinen Handel in Indien. Er blieb einfach dort, damit er seine Geliebte sehen konnte.

Wenn du siehst, dass dies ein Handel ist, wirst du alles hergeben für das, was du haben willst. Dieses ist Schönheit, Bewusstheit, Liebe – dein eigenes Sein. Du *gibst* bereits alles her, und wofür?

Halte nur die nach außen gehende Tendenz des Mind im Zaum. Das ist deine Entscheidung.

Alles wird sich einer starken Entscheidung beugen und sich vor ihr verneigen. Wenn du sagst: „Ich werde es hier und jetzt tun." – was wird geschehen? Himmel werden ins Wanken geraten, Götter werden erzittern und dir alles darbieten.

Dieser Wunsch, frei zu sein, ist nur in sehr wenigen Menschen gewachsen. Frei in diesem Leben. In diesem Jahr. In diesem Monat. Jetzt. Dieses Verlangen entscheidet. Wie eine Motte, die sich in die Flamme verliebt und ohne jedes Zögern in sie stürzt. Ohne Anhalten oder Zurückhalten auf dem Weg. Wie viel Zeit, um zur Flamme selbst zu werden? Auf die Flamme zugehen, das ist die Entscheidung, frei zu sein ... aufs Atman zugehen.

Das Atman verzehrt dich und schenkt dir ewiges Leben, ewiges Bewusstsein und ewige Glückseligkeit. Und niemand weiß das. Alle suchen im Außen und durch die Sinne. Was immer du siehst, wo immer du Name und Form erblickst, nichts ist wirklich wahr. Diese Namen und Formen werden dir niemals Frieden oder Liebe schenken. Was immer du in genussreichen Sinnesobjekten siehst, fühlst oder erfährst, wird dich letztendlich hungrig zurücklassen.

Dies ist also die Entscheidung und die Unterscheidung. Mit dieser Unterscheidung, dieser Urteilskraft werden einige beschließen: „Ich will frei sein." Sie werden einen Lehrer finden. Der Lehrer ist in dir. Der Sadguru ist in dir. Dein Verlangen nach Freiheit bewegt sich auf diesen Lehrer zu, auf dieses Brahman.

Zuerst darfst du nichts anderes im Sinn haben. Du darfst kein anderes Verlangen noch eine andere Faszination hegen, die dich in deinem Verlangen nach Freiheit hindert. Andere Verlangen zwingen dich wieder in den Kreislauf von Geburt und Tod einzutreten. Schließlich entscheidest du dich zurückzukehren, und zwar ohne Hindernisse, ohne anderweitig beschäftigt zu sein. Deine Entscheidung ist sehr mächtig. Du bist dir deiner Entscheidung bewusst, bewusst darüber, wohin du gehst. Du bist dir sehr bewusst, was du dir erwählt hast.

Jetzt bist du zum ersten Mal von Angesicht zu Angesicht mit dem Bewusstsein. Wenn du auch nur das leiseste Begehren für etwas anderes hegst, kehrst du ihm den Rücken. Und dieser Rücken bedeutet nicht weniger als fünfunddreißig Millionen Jahre. Einmal hast du ihm schon den Rücken gekehrt und nun, fünfunddreißig Millionen Jahre später, bist du wieder nahe.

Sich *Dem* hinzuwenden; dieses Verlangen, diese Suche nach Wahrheit begegnet dem Bewusstsein, dem Sadguru, von Angesicht zu Angesicht. Bewusstsein spiegelt sich jetzt selbst wider. Reflexion von Bewusstsein in diesem Suchenden, von Angesicht zu Angesicht. Die Reflexion von dieser Wahrheit, dieses Bewusstsein, ist der Sucher.

In dieser Reflexion verbrennt das Verlangen. Es ist weg. Du bist mit einem Verlangen nach Freiheit gekommen. Wenn du am Ziel angekommen bist, ist das Verlangen weg. Wer ist also übrig? Bewusstsein, das sich in seinem eigenen Bewusstsein widerspiegelt. Kein Unterschied zwischen Brahman innerhalb oder außerhalb deiner selbst.

Du hast von Ort zu Ort danach gesucht und hast es nicht gefunden, weil es in dir selbst gelegen ist. In allen Herzen. Nur hier hast du nicht gesucht.

Wenn du in deinem eigenen Herzen suchst, ist die Suche vorbei. Hier endet die Reise. Der Zyklus, das Karma, das Schicksal, was immer es ist, es ist vorbei.

Wie kommt es, dass so wenige in diesem Zustand angekommen sind?

Angekommen? Niemand ist angekommen. Das ist nur Gerede auf dem Weg dorthin, vor dem Ankommen. Wir bewegen uns auf Freiheit zu. Wir bewegen uns auf Liebe zu. Wir bewegen uns auf den Ozean zu.

Doch wie viele Flüsse siehst du in dem Ozean? Wie viele Flüsse gibt es noch, nachdem sie in den Ozean gemündet sind? Es ist Gerede auf dem Weg.

Regentropfen fallen in den Ozean. Während sie fallen, schließen sie Freundschaft. „Wo gehen wir hin? Wir gehen zusammen hin. Nachdem wir gefallen sind, werden wir alle zusammen sein."

Wo ist beim Ozean der Regen oder sind die Regentropfen? Wie viele Regentropfen überleben wohl den Ozean?

Alle Erfahrungen ergeben sich auf dem Weg. Wenn du einmal dein eigenes Selbst berührst, was wolltest du noch werden?

Dieser Mind hat das ganze Universum erschaffen. Millionen Wesen. Sobald der Mind seinen eigenen Ursprung berührt, der leer ist, wie viel Leeres wird in der Leerheit sein?

All diese Fragen sind nicht weise. Nur ein Unwissender spricht von diesen Dingen. Deshalb bleib einfach still und sieh! Lass nicht einen einzigen Gedanken vom Boden des Mind emporkommen!

Über diese Frage wollte ich mit dir sprechen.

Was für ein Verständnis. Ich sage, lass keinen einzigen Gedanken aufsteigen, und du sagst, über dieses Thema willst du sprechen?

Ich möchte frei sein, aber ...

Aber? Du sagst aber?! Wie viel Zeit widmest du diesem Verlangen im Verlauf eines Tages wirklich?

Ungefähr fünf Minuten.

Um vom Leiden frei zu sein, musst du dich an das heften, was dich von Glückseligkeit nicht trennt. Zuerst betrachte alle weltlichen Objekte und sage mir, ob dich eines davon ununterbrochen glücklich sein lässt. Nenne mir eines, das du am meisten liebst.

Wenn du kein Objekt gefunden hast, dann weise alle Objekte zurück. Wenn eine Eselin nach dir tritt – und Eselin bedeutet die weltlichen Objekte – und du läufst ihr immer noch hinterher, benimmst du dich selber wie ein Esel.

Du kannst es auf der Straße sehen. Ein Esel läuft einer Eselin nach, und die Eselin tritt nach hinten aus. Der Esel hat sich von dem Tritt eine blutende Nase eingefangen, und auch seine Augen haben böse was abgekriegt. Was wirst du tun?

Weglaufen.

Ja, du lässt die Eselin laufen. Ich aber sehe, wie sich die Esel dieser Welt Tritt um Tritt einfangen; ihre Nasen bluten, die Zähne fallen ihnen aus und immer noch lassen sie die Eselin nicht in Ruhe. Diese Esel sehe ich jeden Tag. Sie kommen auch hierher.

Du verbringst dreiundzwanzig Stunden und fünfundfünfzig Minuten damit, dir Eselstritte einzufangen. Und immer noch willst du daran leiden. Was wählst du also?

Es zu lassen.

Wenn du diese Eselin zurückweist, wem wendest du jetzt dein Gesicht zu?

Ich bin mir selbst zugewendet.

Richtig! Du bist weise geworden. Was ist diese Eselin? Das ganze Universum ist eine Eselin. Alles, von der Schöpfung bis zu seiner Zerstörung, ist eine Eselin. All deine Zeit verbringst du damit, von dieser Eselin getreten zu werden. Sag mir: Wer ist der Mensch, der noch nicht von dieser Eselin getreten wurde? Jeder ist getreten worden, doch alle rennen hinterher, um sich noch mehr Tritte zu holen.

Dieser Eselin in nur fünf Minuten davonzulaufen, was bedeutet das? Jeder Name, jede Form ist eine Eselin. Form bedeutet: vier Beine und hinten ein Schwanz. Wende deinen Blick von dieser Eselin des Namens und der Form ab! Dreiundzwanzig Stunden und fünfundfünfzig Minuten Esel; wende dein Gesicht, und was passiert?

Ich bin frei.

Ausgezeichnet. Du hast die Frage „Wie?“ gestellt. Das ist Wie. Was hast du getan, um herauszufinden, ob du frei bist? Hast du nachgedacht?

Nein. Ich habe es selbst erfahren, ohne jeden Zweifel.

Warum dann nicht hier bleiben? Gefällt es dir nicht gut? Ist es nicht sinnvoll, immer hier zu bleiben?

Sehr sinnvoll, ohne Zweifel.

Warum nicht den ganzen Rest deines Lebens mit dieser Angelegenheit beschäftigt sein? „Ich bin *Bewusstsein.* Ich bin *Glückseligkeit.* Ich bin *das Leben.*“ Rede mit Ihm! Denke an Es! Wenn du aufrichtige Freunde triffst, die daran interessiert sind, sprich zu ihnen von hier aus davon! Verbringe den Rest deines Lebens innig mit dieser Beziehung, solange dein Karma dauert!

Karma bedeutet Verdienste oder alte Tendenzen, die jetzt Früchte tragen. Deshalb wurde dir dieser Körper gegeben, und es muss seine Zeit dauern. Es muss dauern. Widme also diese Zeit, die dir gegeben ist, der Liebe zu deinem eigenen Selbst!

In der Welt sein

Nutze diese Zeit hier gut! Sei vernünftig und verstehe!

Ich rate euch nicht, in eine Höhle zu gehen. Ich rate euch nicht, in Kommunen oder Ashrams oder Klöstern zu leben. Lebt ein glückliches Leben, ein Familienleben! Behaltet eure Berufe als gute Menschen, so dass ihr der Welt keinen Ärger macht! Alle anderen Lebenssituationen sind von der Situation des Haushaltsvorstandes abhängig. Studenten, Mönche, alte Menschen und Sannyasins sind alle vom Verdienst des Haushaltsvorstandes abhängig. Warum nicht diesen Menschen helfen, anstatt selber zum Bettler zu werden?

Die Idee von einem Kloster oder einer Kommune ist kein neues Konzept. Es ist ein buddhistisches Konzept, und es hat sich nicht ausgezahlt. Kein Kloster war erfolgreich im Hervorbringen von Erleuchtung. Es ist versucht worden, doch es gibt keine Abkürzungen.

Der Tradition nach unterscheidet man hier in Indien zwischen verschiedenen Lebensabschnitten. Schüler- und Studentenleben fünfundzwanzig Jahre; Familienleben fünfundzwanzig Jahre. Dann sind deine Kinder erwachsen und du gehst in den Wald, um nach Erleuchtung zu suchen. Im vierten Stadium steht es dir dann frei, zu tun, was du willst. Dem Leben davonzulaufen hat sich noch für niemanden gelohnt.

Ich bin Arzt. Wem soll ich dienen? Wer braucht die meiste Hilfe?

Patienten.

Arme Menschen?

Patienten brauchen einen Arzt.

Jeder Patient?

Jeder Patient.

Wer immer auch kommt?

Wer auch immer kommt. Das würde für dich reichen, um erleuchtet zu werden. Die Göttlichkeit kann dir auch im Patienten selbst erscheinen. Schau nicht aufs Portemonnaie, bevor du auf den Patienten schaust! Ein Patient ist ein Patient, aber die Ärzte handeln nicht danach. Es ist gut, ein guter Arzt zu sein. Kinder leiden. Die Welt leidet. Warum nicht helfen? Lieber helfen als weggehen und ein Mönch werden.

Ich sehe, dass ich noch Zweifel habe, dass es so einfach sein soll. Ich erwarte großartige Erfahrungen und Glückseligkeit, und ich erwarte, dass es ...

Schwierig ist und schwer.

Ja.

Dann geh in den Himalaja und häng dich bei den Füßen auf! *(Lachen)* Es gibt immer noch alle möglichen Ausbildungen, weil das immer noch leichter ist, als einfach ruhig zu sitzen.

Du kannst eine Stunde lang auf dem Kopf stehen oder stundenlang Mantras singen und rezitieren. All das ist möglich. Der Mind täuscht dich; dem Mind gefällt es nicht, ruhig zu sein. Die einzige Art, wie du den Mind besiegen kannst, ist, keinem einzigen Gedanken zu gestatten, aufzusteigen. Lass keinen Gedanken beginnen! So einfach ist das. Dem Mind gefällt es, sich mit Übungen und Aktivitäten zu beschäftigen. Wenn du mental nicht aktiv bist – das ist Frieden.

Wenn du nach Hause zu deinem Beruf und in deine Gesellschaft zurückkehrst, denk daran, dass ich dir nicht sage, du solltest dem Leben davonlaufen. Es gibt keine Probleme. Du wirst alles akzeptieren. Es gibt durchaus kein Anderssein. Du hattest eine Brille auf, die anders getönt war; diese Brille musst du abnehmen. Die Augen, die du zum Sehen benutzt, müssen sich ändern. Die Flüsse, die Berge und die Freunde werden sich nicht ändern, aber du trägst jetzt die Brille der Weisheit und siehst kein Anderssein. Keine Fremden. Nur dein eigenes Selbst.

Diese ganze Welt ist dein eigenes Selbst. Wer ist also gut und wer ist schlecht? Das wird von deiner eigenen Erfahrung abhängen, nicht davon, was dir ein Buch oder eine Person erzählt. Tauch also jetzt gleich ein und erfahre es – dann urteile selbst!

Diese Unterweisung bedeutet ohne direkte Erfahrung gar nichts. Und Erfahrung ist nicht weit weg. Zuerst musst du entscheiden, was gut für dich ist. Dann handle unverzüglich und schau auf das Ergebnis!

Achte gut auf deinen Körper, denn das ist das kostbarste Geschenk, das die Natur dir geben kann – eine menschliche Geburt! Achte sehr gut auf ihn, denn er ist ein Tempel Gottes! Gott ist in deinem Herzen. Und dieser Körper dient dir auch dazu, höheres Wissen zu erlangen. Deshalb achte auf diesen Körper! Ignoriere ihn nicht! Halte ihn in guter Form für die gesamte Zeitdauer eines menschlichen Lebens!

Ich habe weder Ehefrau noch Familie, und ich habe alles weltliche Tun zurückgelassen. Kann ich bleiben und dir dienen?

Wenn du dich selbst nicht kennst, wie wolltest du einem anderen helfen? Es wäre dann so, dass der Blinde den Blinden führt. Wenn du dich selbst erkennst, hilfst du der Welt. Das ist die einzige Hilfe, die du anderen geben kannst. Zuerst erkenne dich selbst, dann lebe in Frieden und Glück, dann lass andere wissen, wie Frieden und Glücklichsein zu erlangen sind! Diese Botschaft kannst du erst übermitteln, wenn sie dir selbst zu Eigen ist. Finde dich selbst, finde den Schatz und dann verteile ihn! Es ist ein Schatz, der unerschöpflich ist, und je mehr du gibst, umso stärker wird er sich vermehren.

Es war einmal ein König, dessen Gepflogenheit es war, nach seinen täglichen Gebeten der nächsten Person, die er sah, einen Wunsch zu erfüllen. Eines Tages, während der König betete, wartete ein Fakir. Als der König fertig war, sagte der Fakir zu ihm: „Ich kam, dich anzubetteln, ich sehe aber, dass auch du ein Bettler bist. Du bettelst Gott an. Einen Bettler werde ich nicht anbetteln. Ich will den anbetteln, den auch du anbettelst."

Alle betteln. Wer ist kein Bettler? Solange du nichts für dich erbittest, wird dir alles gegeben. Wenn du nichts erbittest, wird Gott dir folgen und hinter dir stehen. Alles wird dir gegeben werden, und du musst nicht betteln.

Wie kann ich von dem frei sein, was mich davon abhält, mitfühlender zu sein?

Du willst anderen Menschen gegenüber mitfühlender sein? Was für ein kostbares Geschenk hast du denn, das du anderen geben willst, damit sie glücklich sind? Hast du genug Essen, das du der hungernden Hälfte der Menschheit geben kannst. Einmal? Mittagessen oder Abendessen? Kannst du den Hungernden in dieser Welt auch nur eine Mahlzeit geben?

Nein.

Nein. Was wolltest du ihnen denn geben? Zuerst Essen, dann Kleidung, dann ein Dach über dem Kopf – nicht wahr? Das kannst du nicht geben. Also vielleicht Seelenfrieden.

Die Welt kann den Hungernden immer noch nicht helfen. Die reichsten Länder haben es probiert, und sie können nicht einmal die Menschen in ihrem eigenen Land mit Essen und Kleidung und Obdach versorgen, ganz zu schweigen von den anderen. Was wirst du also tun? Kannst du Seelenfrieden geben? Hast du Seelenfrieden?

Nein.

Wie willst du dann anderen helfen? Das ist ein Missionarskonzept: hingehen, um anderen Menschen zu helfen. Wir alle haben die Missionare gesehen, die in die unterentwickelten Länder kommen.

Ich habe Missionare gesehen, die in der Pose, wie man „mitfühlend" ist, ausgebildet waren. Sie hatten gelernt, wie man die Hände hält, wie man die Augen feucht macht. Ich habe Missionarsdramen gesehen, wo all dies als Ritual gelehrt wurde. Mitgefühl, so wie es gelehrt wird, ist eine politische Schaunummer und religiöse Falschheit. Mitgefühl muss aus dem Herzen kommen.

Wie bekommt man es?

Finde heraus, wer Frieden will! Wer will mitfühlend sein? Mach dich mit Dem bekannt, das Mitgefühl selbst ist! Das. Dem stell dich vor! Dem wende deinen Mind zu und sag es mir! Vielleicht ist es nirgendwo. Sag es mir!

Woraus besteht die Verantwortung nach dem Erwachen?

Zuerst einmal ist das keine gute Frage. Nach dem Erwachen wirst du alles völlig klar sehen, ohne vorher etwas darüber gewusst zu haben. Nach der Erleuchtung gibt es weder Ego noch Täterschaft. Du wirst in etwas anderem verweilen. Zuerst gilt es Freiheit zu gewinnen, dann wird Es für sich selbst sorgen.

Diese Frage kommt von dem, der tut; von dem, der etwas nach vorgegebenen Verhaltensregeln tun möchte. Der erwachte Mensch antwortet spontan auf die gegebenen Umstände und hinterlässt deshalb auch keine Fußabdrücke in der Erinnerung. Das ist wie ein Vogel, der im Himmel fliegt und keine Spuren hinterlässt.

Eine Nach-Erleuchtungsfrage kann in der Vor-Erleuchtung nicht gestellt werden. Zuerst gewinne Erleuchtung! Dann prüfe, ob du diese Frage stellen kannst! Es gibt nichts zu tun und nichts nicht zu tun. Sei lediglich unter den gegebenen Umständen spontan! Wenn der Mind tot ist, gibt es keine Handlungskonzepte.

Es obliegt dem Selbst zu handeln, nicht dem Mind. Mind und Ego können Fehler machen, das Selbst nicht. Nach der Freiheit löst du dich im Selbst auf. Das ist das Ende von allen Problemen, von allen Verhaltensweisen und jeder vorgefertigten Moralität. Diese Situation kann weder beschrieben, noch imaginiert, noch berührt werden.

Du sagst, in Freiheit gibt es keine Konzepte. Wenn man aber in einem Krankenhaus arbeitet ... die Krankenhäuser sind ja voll von Konzepten. Wie verbindet man diese beiden?

Wenn das Ego mit seinen Gedanken da ist: „Ich tue dies, ich tue das, ich will dies, das will ich nicht“, dann gibt es Ärger und es passieren auch Fehler.

Wenn du dich selbst erkennst und weißt – so wie der Fluß sich in den Ozean ergießt und kein Fluss mehr ist –, sind alle diese Qualitätsmerkmale nicht mehr vorhanden. Der Ozean kennt keine Grenzen. Wenn du frei bist, bist du kein Mensch mehr mit alten Gewohnheiten. Es ist nicht du, der funktioniert, weil es keine Täterschaft gibt, keinen „Macher", keinen Mind.

Es ist also nicht der Mind, der funktioniert – wer ist es also? Es ist der Herr in dir, der funktioniert, der sich durch die Person zum Wohl der anderen ausdrückt. Ansonsten hat es keinen Sinn.

Nach der Erleuchtung ist deine Arbeit getan. Wenn du frei bist, wirst du von der Freiheit übernommen. Etwas anderes als das Ego wird aufsteigen, etwas anderes als der, der tut. „Ich mache" wird nicht länger da sein.

Eine andere Kraft, die sich Prajna nennt, transzendentale Funktion, wird sich deiner bemächtigen. Sie wird alle deine Nerven durchdringen und alle Atome deines Körpers werden sich verändern. Du wirst nicht länger die Person sein, die du warst.

Du musst dich dazu nicht anstrengen. Gib dich einfach dem Herrn hin, der in deinem Herzen thront! Dann wirst du sehen, wie voller Schönheit diese Lebensspanne ist – indem du mit Menschen bist, mit deinen Beziehungen.

Das Handeln wird nicht aus dem Ego kommen, sondern von jenem erhabenen Purusha. Das wird die Führung haben. Wann immer du sprichst, wird Es sprechen. Was immer du siehst, wird Es sehen. Deine Augen werden sich verändert haben. Kein Hass wird da sein; diese Augen werden in allem Gott sehen. Überall Gott.

Dieser Unterschied wird plötzlich eintreten, wenn du dich hingibst. Wenn du anbetend einzig und allein Gott siehst, der in der Leerheit deines Herzens thront, wird alles getan sein.

Wenn du hier den Premierminister sehen willst, kannst du das nicht direkt. Du musst dich ihm durch viele Minister und Empfehlungen annähern. Sie werden dir sagen, dass er sehr beschäftigt ist. Du musst sogar vor den Wachen am Eingang salutieren. Man wird dir nicht einfach gestatten einzutreten, um den Premierminister zu sehen.

Doch irgendwie, wenn du ihn dir zum Freund gemacht hast, wird der Premierminister persönlich zum Flughafen kommen, um dich zu begrüßen. So musst du dich auch mit dem Herrn dieses Universums anfreunden, nicht mit den Wachen.

Verpass diesen Schlüssel nicht, und du wirst nicht leiden, selbst zum Zeitpunkt des großen Übergangs nicht – der Schöpfer selbst muss diesem Abschied gegenübertreten. Allen geht es schlecht im Angesicht dieses Abschieds: alles aufzugeben, was festgehalten wurde, Freunde zu verlassen, aller Manifestation den Rücken zuzukehren.

Yama, der Herr des Todes, steht vor dir. Dem muss sich jeder stellen. Millionen Male schon hast du dich ihm gestellt, und deshalb hast du Angst vor dem Tod: weil du viele Male zuvor schon Todeserfahrungen hattest. Nur dies ist die Furcht vor dem Tod. Jeder hat Angst vor dem Tod. Aber wenn du es überwunden hast und diese Todeslosigkeit noch vor dem Tod gewonnen hast, wirst du, wenn der Todesgott erscheint, ihn erkennen und umarmen als niemand anderen denn einen alten Freund.

Wenn Leiden in deinem Mind aufsteigt, frag nur: „Wer leidet?" Das ist alles. Warum verlässt dich das Leiden mit dieser Frage? Weil du dich von der Situation distanziert hast. Stell die Frage: „Wer ist unfrei?", und du wirst weder Ketten noch Fesseln sehen.

Wenn ich nichts tue, wie wird dann überhaupt etwas getan?

Wenn du im Hinblick auf Dinge, die zu erledigen sind, eine gewisse Anstrengung unternimmst, brauchst du dafür auch eine gewisse Kraft. Die brauchst du, und sei es nur, um deinen Mind zu aktivieren. Anstrengung kann physisch oder mental sein.

Was befähigt dich zu dieser Anstrengung? Du sagst: „Ich will von hier nach da gehen." Du brauchst Anstrengung, um zu gehen. Beine sind da, der Mind ist da; das Reiseziel hast du im Sinn und die Straße, die du gehst, liegt vor dir. Woher kommt die Anstrengung, einen Schritt zu tun? Was befähigt den Fuß zu gehen und den Mind, geistig tätig zu sein?

Ich weiß es nicht.

Du kannst nur wissen, was bekannt ist. Das Unbekannte, durch das das Bekannte erfahren wird, das kennst du nicht, das weißt du nicht. Wenn du sagst: „Ich weiß es nicht" – wohin gehst du?

Ich habe den Mind gefragt.

Der Mind hat „Ich weiß es nicht" gesagt, nicht der Fuß. Frag den Mind, woher er die Kraft nimmt, zu denken!

Es ist Verlangen.

Verlangen und Mind sind ein und dasselbe. Von wo steigt das Verlangen auf, um Verlangen zu werden?

Ich weiß es nicht.

Die Kraft kommt vom Nichts. Deine Anstrengung steigt aus dem Nichts auf. Wenn du gehst, kommt die Kraft dafür aus dem Nichts.

(lange Stille)

Freiheit ist zeitlos!

Ja. Sonst noch etwas?

Da ist keine Entfernung zu überbrücken.

Ja ... weiter?

Ich verstehe nicht, warum ich das nicht vorher verstanden habe, und ich bin erfüllt vom Wunder über das Leben und dass es da keine Trennung gibt. (lacht) Und ich bin sehr glücklich.

Ich verneige mich vor diesem Glück.

Ich habe einen fünf Jahre alten Sohn. Wie arbeitet man mit einem fünf Jahre alten Mind?

Du musst zu denken aufhören. Kinder benehmen sich schlecht, weil sich Eltern nicht gut benehmen. Wenn die Mutter weise, ohne Gedanken ist, wird sie das Göttliche in ihren Kindern sehen. Sie wird das Kind als das Göttliche selbst verehren. Sie wird ihre eigene Reflexion in dem Kind sehen, ihr eigenes Selbst in einer anderen Form. Du bist eine wirkliche Mutter, wenn du verwirklicht bist.

Ich bin Therapeut und ...

Ein Therapeut? *(Lachen)*

Und ich frage mich, wie es sein wird, wenn ich zurückgehe.

Du wirst ein besserer Therapeut sein und vielen Menschen helfen. Dann wirst du endlich wissen, wovon du sprichst. Das ist Mitgefühl. Einfach nur deine Berührung, dein Anblick werden wirken. Du wirst eine andere Art von Therapie kennen lernen. Du wirst wirkungsvoller arbeiten, mit Mitgefühl.

Vorher war es ein Beruf. Jetzt ist es Mitgefühl. Das Glück wird bei dir sein, wo immer du hingehst. Wo immer du bist, du bist hier. Wo immer du sein wirst, du wirst hier sein. Geh wohin du willst. Dies ist alles dein Reich. Wo immer du dich auch befindest, du befindest dich im Bewusstsein. Deine Wohnstätte ist Bewusstsein. Bewusstsein ist Glücklichsein, Frieden.

Arbeite also in Glück und in Frieden! Lehre alle deine Freunde diese Art glücklich zu sein! So wie du Glücklichsein empfangen hast, gib ihnen dieses einfache Geheimnis, glücklich zu sein.

Tu was immer du willst! Es wird selbst wirken, von selbst, inmitten des Selbst. Dieser Stolz, dieses Ego wird nicht länger da sein. Jetzt wird das Arbeiten auf gänzlich andere Art und Weise geschehen, wo Arbeit nicht mehr vom Mind oder dem Ego diktiert wird. Spontane Arbeit mit anderen Menschen. Sehr natürlich, vom Selbst zum Selbst kommend. Du wirst diese Änderung selbst erfahren. Ich wünsche dir das beste Glück.

Jemand fragte, ob es möglich sei, es zu verlieren. Ich weiß, dass man es nie verlieren kann.

Du sagst, du kannst es nie wieder verlieren. Ich sage: „Jetzt Wachsamkeit."

Ich werde dir von meiner eigenen Erfahrung erzählen. 1947 ging ich vor dem GPO (General Post Office) auf dem Weg, der nach Lardbar führt, auf der sicheren linken Straßenseite, als mich ein Auto mit seinem Trittbrett von hinten anfuhr.

Einige Menschen sammelten sich und sagten zu mir: „Schauen Sie nur, was passiert ist. Wir haben die Autonummer notiert. Sie müssen ja verletzt sein."

Also rollte ich das Hosenbein hoch, die Hose war natürlich zerrissen; aber sonst war dem Körper nur sehr wenig Verletzung zugefügt worden. Ein kleiner Kratzer. Und das Trittbrett lag neben mir. Sie forderten: „Lassen Sie uns zur Polizei gehen!" Ich sagte nichts. Ich war nicht interessiert.

Welcher Art ist diese Wachsamkeit?

Es wird größten Wert darauf gelegt, dass du sehr wachsam sein musst. Es ist durchaus keine Wachsamkeit, die sich auf den Körper bezieht. Wer beschützte diesen Körper?

Bei einer anderen Gelegenheit kam ich von Süd-Mangalore nach Bangalore, ein Weg von ungefähr sechshundert Meilen, mit dem Auto. Ich hatte gerade ein Schiff nach Rotterdam beladen. Nachdem das Schiff mit Eisenerz beladen war, hatte ich das Ladungsmanifest vom Kapitän zu holen.

Zu diesem Zeitpunkt war ich sehr müde. Das Abtragen hatte in einiger Entfernung von der Küste im Landesinnern stattgefunden, deshalb hatte ich an die Küste fahren müssen und dann acht Stunden mit dem Kapitän und dem Fertigstellen der Papiere verbracht.

Es war sehr warm und ich war sehr erschöpft, aber ich musste dennoch zurück nach Bangalore. Also stieg ich in meinen Jeep. Ich hatte einen Höhenunterschied vom Meeresspiegel bis auf fünftausend Fuß zu bewältigen, und die Straße wies sieben scharfe Haarnadelkurven auf.

Ich war sehr schläfrig und meinte, ich sollte lieber anhalten, aber dann dachte ich: „Na ja, es sind nur acht Meilen bis auf die andere Seite, dort kann ich eine Tasse Kaffee trinken und mich etwas ausruhen. Hier gibt es wilde Elefanten und sie könnten den Jeep ins Tal stoßen. Also, nur noch eine halbe Stunde.“

Ich schlief ein. Ich schlief direkt am Steuer ein. Als ich auf der anderen Seite ankam, hatte ich einen sehr schwierigen und schmalen Weg mit nur einer Fahrbahn hinter mir, der zudem an einem Tal entlangführte und das tausend Meter steil nach unten abfiel. Der Hügel lag einen Kilometer hoch.

Auf der anderen Seite angekommen fühlte ich mich sehr erfrischt. Ich hatte richtig gut und fest geschlafen, und ich erwachte mit dem Kopf auf dem Steuerrad, immer noch die Straße entlangfahrend. Jetzt war ich erfrischt, also fuhr ich danach noch weitere fünfhundert Kilometer.

Die Frage ist: „Wenn ich geschlafen habe – wer ist gefahren?" Ich kann die Antwort nicht finden. Aber du bist jetzt hier, du bist in der Erfahrung: Du musst es verstehen.

Ich habe von Vigilanz gesprochen, von Wachsamkeit. Es gibt nur sehr wenige, die das begreifen. Wachsamkeit ist keine Manipulation. Es ist das Interesse an dem, wo das Wort zum Wort wird.

Ja, gut, ich möchte auch von einer Erfahrung berichten, als ich in meinem Auto fuhr ...

Nein, nein, du verstehst nicht. *(er lacht)*

Einmal legte sich ein wirklich leerer Mann zu einem kurzen Schläfchen unter einen Baum. Als er aufwachte, nahm er seine Habe und seinen Bettelnapf wieder auf. Er erblickte viele Wesen, die um ihn saßen. Sie alle erhoben sich und sagten: „Danke für Satsang."

„Aber ich habe doch kein Wort zu euch gesprochen. Ich habe geschlafen."

„Ja, Sir. Diesen Satsang können wir im Himmel nicht haben. Wir alle sind Götter aus verschiedenen Himmeln und müssen hier herunterkommen, um deines Satsangs teilhaftig zu werden. Solch ein Satsang findet selbst in den Himmeln nicht statt.

Wir sind sehr beschäftigt und schwatzen den ganzen Tag. So viel Vergnügen dort. So viel Spaß. Spaß und Freude, wie sie sich die Menschen nicht einmal ausdenken können. Wir waren sehr beschäftigt mit unseren Vergnügungen. Wir wollten etwas Frieden. Wir haben uns umgesehen und gesucht, wo wir einen stillen Mind, etwas Seelenfrieden finden können."

Die Götter der Himmel haben sich umgesehen, und auf der Erde fanden sie diesen Mann, der schlief. EIN MENSCH OHNE EINEN GEDANKEN IM MIND SENDET STRAHLEN DES FRIEDENS

UND DER LIEBE AUS. Jeder fühlt sich zu der Person hingezogen, die kein Konzept im Mind hat.

„Also sind wir gekommen, weil hier der Ort von Liebe und Schönheit ist. Danke für diesen Satsang."

Während sie zurückgingen zu ihren Wohnstätten, streuten sie Blumen über diesen Mann aus, und auch der Baum erblühte und ließ seine Blüten auf ihn fallen.

Bleib einfach still und sieh, was geschieht! Die ganze Natur wird dich lieben. Für dich wird besser gesorgt sein, als es deine eigene Mutter könnte, die dich geboren und in all diese Schwierigkeiten gebracht hat.

Aber diese andere Mutter – Bewusstsein ... wenn du weißt, dass sie deine ursprüngliche Mutter ist – wird für dich sorgen und dir Frieden und Glücklichsein schenken, und Todeslosigkeit dazu. Keine andere Mutter kann dir das geben. Todeslosigkeit ist Ewigkeit. Diese Mutter erkennen wir nicht, und so geraten wir in Schwierigkeiten.

Wenn du liebst, liebst du alle Wesen. Wenn du isst, isst jeder von deinem Teller, sogar die Wesen, die gestorben sind und die, die noch sein werden. Wenn du siehst, sehen alle Augen gemeinsam versammelt zusammen durch deine Netzhaut.

Was ist der Sinn des Lebens?

Verantwortung gegenüber der Gesellschaft. Erkenne zuerst dein eigenes Selbst, dann diene allen Wesen als deinem eigenen Selbst.

Das wird ganz natürlich in mir aufsteigen?

Nein. Du bist daran nicht beteiligt. Du spielst überhaupt keine Rolle. Wenn der „Tuende" hier ist, ist es Ego. Wenn sich der Tuende der heilighöchsten Kraft hingibt, ist es beendet. Dann wird die höchstheilige Kraft selbst in diesem Körper aufsteigen und wirken.

Du wirst das sehen – erkenne zuerst dein eigenes Selbst, dann gib dich hin an diese Kraft! Dann wird die Intuition die Führung übernehmen, und sie wird durch deinen Körper und deinen Mind wirken. Dann wirst du millionen Mal besser funktionieren können denn als individuelles Ego. Nicht „Manpower", wie es heißt, sondern göttliche Power, Gotteskraft.

Kann ich irgendetwas für dich tun?

Ja, warum nicht?

Was?

Hilf anderen! Aber nicht in jemandes Auftrag, weder in meinem noch in deinem. Hilf – wer immer auch kommt!

Ich bin sehr an dieser Friedensbotschaft interessiert. Sie muss in Stille weitergegeben werden. Kein Zusammenprallen, mit niemandem. Sitz still, selbst in deinem eigenen Haus! Dies wird mehr und besser wirken als Erklärungen der Weltpremierminister. Sende eine Botschaft des Friedens aus, aus der Tiefe des Herzens, in Stille, an alle Wesen in dieser Welt!

Das ist es, was ich begehre, nichts sonst. Ich bin an keinem Ashram interessiert. Wenn ich es bis jetzt nicht getan habe, und ich bin zweiundachtzig Jahre alt, werde ich auch jetzt nicht damit anfangen. Leute haben mir sogar Inseln angeboten, die sie gekauft hatten. Ich war nie begierig darauf. Ich bin daran gewöhnt, von Tür zu Tür zu gehen – bis auf die letzten paar Jahre, in denen mich Probleme mit dem Körper hier festgehalten haben. Ich habe euch Umstände bereitet, dass ihr herkommen müsst. Ich hoffe, es macht euch nichts aus.

Wo immer Wahrheit ist, muss auch der Rauch von den Dämonen sein. Seid also achtsam, denn auch die Yagnas der großen Rishis wurden von Dämonen angegriffen und gestört!

Das geht so seit Anbeginn. Ihr müsst euch keine Sorgen machen. Wahrheit ist jetzt unser Wächter. Ihr verantwortet jetzt Wahrheit.

Es gibt Hürden. Wann immer Wahrheit gesprochen wird, wird die Welt zu deinem Feind. Was war verkehrt bei Christus? Er sprach nur die Wahrheit. Das war seine Sünde, und sie nagelten ihn ans Kreuz.

Sprich die Wahrheit, und du wirst gehängt, verbrannt, gekreuzigt – und bist glücklich! Schau dir Sokrates an! Dieser Grieche hatte ein wunderschönes Leben gelebt, und man reichte ihm den Giftbecher. Platon und andere versuchten ihn zu retten und sagten zu ihm: „Meister, wir haben die Wachen bestochen. Wenn es Nacht ist, kommst du mit uns."

Sokrates entgegnete: „Nein, meine lieben Kinder, das wird nicht geschehen. All mein Leben habe ich die Wahrheit gesprochen. Ich ziehe den Tod einem Leben auf falsche Art und Weise vor."

Das nennt sich Wahrheit. Wie lange kann Falschheit überleben? Halte dich an die Wahrheit, und die Wahrheit wird dir schließlich helfen! Für einige Zeit magst du in Schwierigkeiten sein. Christus wurde gekreuzigt. Und wie vielen wurde geholfen durch Ihn?

Dir sind vielleicht siebzig oder achtzig Jahre gegeben – warum auf dumme Weise närrisch leben? Warum nicht einige Jahre in Weisheit verbringen anstatt einhundert Jahre eines närrischen, dummen, gemeinen Lebens? Die Sprache des Friedens ist *Mounam,* was Schweigen bedeutet, Stille. Wenn du in Frieden, in Glücklichsein und Liebe bist, kannst du nur diese eine Sprache sprechen, und es ist Stille.

Der Zauber der Liebe: Das verborgene Geheimnis

ES. Sie nennen Es Frieden. Sie nennen Es Glücklichsein. Sie nennen Es Liebe. Sie nennen Es Schönheit. Und doch ist Es unberührt. Weit jenseits, darüber hinaus. Wer immer hierher kam, ist in ihm aufgegangen. Ohne Kommunikation. Kein Mind. Kein Intellekt. Keine Sinne. Und das ist das Glück, das Glücklichsein, wenn diese Dinge aufhören. Erst dann wirst du das Angesicht von Glücklichsein erblicken.

Osho sagte mir, dass Liebe Gott ist. Ich bin unzufrieden, weil ich glaube, dass erst, wenn „Ich" verschwindet, Liebe hier ist.

Ja, so ist es! So ist es wirklich. *(Lachen)*

Wenn du verschwindest, ist Liebe hier. Sonst ist nicht der Gott der Liebe da, sondern der Gott des Verlangens, Gott der Gelüste, Gott der Vasanas.

Wenn der Mind und der Intellekt verschwinden, dann wird ewige Liebe da sein. Kein Geliebter und kein Liebender. Allein Liebe. Das ist Frieden. Shanti. Sein. Bewusstheit. Das nennt sich Liebe, Schönheit, Glückseligkeit.

Kein besseres Genießen als dieses, um seiner selbst willen. Kein Genießer und nichts genossen. Das ist Freude, grundlose Freude, Freude ohne einen Anlass.

Verschwinde eine Sekunde und sieh, was geschieht! Nur für eine Sekunde verschwinde! Verschwinde einfach für eine Sekunde und sieh, was es ist!

Dann wirst du dich in dein eigenes Selbst verlieben, zum ersten Mal in fünfunddreißig Millionen Jahren.

Wenn ich in der Natur bin oder wenn ich mit gleichgesinnten Menschen zusammen bin, ist alles in Ordnung und es geht mir gut. Ich habe aber Angst, dass ich, wenn ich hier weggehe, wieder in die alten Muster zurückfalle.

Du musst deine Aufmerksamkeit stets auf das Zentrum deines Herzens gerichtet halten. Dann hat dein alltägliches Handeln mit deiner inneren Selbsterforschung nichts zu tun. Gerade so wie ein Mensch, der TBC hat: Er geht vielleicht ins Kino oder mit einem Freund zum Essen; vergisst er aber jemals, dass er TBC hat? Halte deinen Mind mit Freiheit beschäftigt! Das muss während deines ganzen Lebens deine einzige Beschäftigung sein. Du sitzt nicht nur einfach für eine Stunde in Meditation. Wie ist es mit den anderen dreiundzwanzig Stunden? Du musst für vierundzwanzig Stunden so sein – in reinem Gewahrsein, bewusst. Gehend, stehend, schlafend; dies ist eine Liebesbeziehung, eine Romanze mit deinem eigenen Selbst.

Ich fühle diesen Zauber.

Verrate deinen Geliebten niemals, sonst ist es keine wahre Romanze. Es gab einst einen Prinzen, der sah seine Liebe überall. Er küsste die Bäume, er küsste den Hund und er liebte die Vögel und die Menschen, bis er schließlich das Geliebte vergaß und selbst zum Geliebten wurde. Das ist der Zauber. In der wahren Romanze kein Liebender und kein Geliebtes – nur Romanze. Kein Subjekt, kein Objekt. Einfach Liebe. Nur Liebe. Das ist der Zauber der wahren Romanze.

Mich verlangt danach, im Meer des Bewusstseins zu ertrinken.

Das ist ja gerade so wie der Fisch im Ozean, der ruft: „Ich bin durstig." Sobald du es einmal gekostet, nur einen Blick davon erhascht hast, bist du schon in Ihm. *Das*. Und auf diese Weise wird das Bewusstsein zu einem Spielplatz, und zwar die gesamte Manifestation und darüber hinaus. Millionen von Planeten sind dein Spielplatz. Dieses Verlangen, in einem Meer von Bewusstsein zu ertrinken, ist, von Planet zu Planet zu tanzen. Lass dieses Verlangen fortdauern! Mir soll es recht sein. Es ist ein Tanz, siehst du? Du wirst niemals aus dem Tritt kommen.

Wenn du von Bewusstsein sprichst, bist du augenblicklich mittendrin. Es gibt keine Trennung. Dieses Verlangen ist ein immer währender Tanz. Und diese Gier nach einer tieferen Erforschung des unergründlichen Bewusstseins ist kein Verlangen. Es ist etwas anderes. Weil es grenzenlos ist, ist es umso mehr da, je mehr es dich danach verlangt.

Dies fällt nicht unter die Kategorie des Verlangens nach Objekten. Es ist sehr, sehr intim. Zwischen zwei innig verbundenen Freunden. Zwischen Liebendem und Geliebtem. Niemand sonst vermag es zu kosten oder sich vorzustellen, was zwischen Bewusstsein und dem Liebenden geschieht. Das ist der kosmische Tanz.

Fahr fort mit diesem Verlangen, und es ist durchaus kein Problem. Es ist zwischen dir und dem Bewusstsein. Niemals endendes Verlangen. In allen anderen Bereichen endet das Verlangen irgendwann, und du kletterst zu etwas anderem. Hier nicht. Dies hier mag ein Verlangen von der anderen Seite sein, und als Antwort auf diese Anziehungskraft zieht es dich dorthin.

Ich fühle so starke Hitze. Starkes brennendes Feuer. Was ist das?

All der Vorrat, den du mit großer Sorgfalt und viel Interesse angesammelt hast ... du hast ein Streichholz angezündet und all das verbrannt. Jetzt freu dich!

Das ist ein Feuer, das jedes Karma verbrennt, so dass du in diesem Leiden nicht mehr erscheinen musst. Du hast deine eigene Einäscherung gesehen. Alles Karma ist beendet. Dieses Brennen ist das Feuer des Wissens. Das Ego, der Mind, die Sinne und Vergnügungen verbrennen alle und sind vorbei. Alles ist vorbei. Das nennt man Feuer.

Der ist ein sehr glücklicher Mensch, der seiner eigenen Verbrennung zusieht, während er noch lebt. Und er wirft weiter Brennstoff ins Feuer, so lange, bis der Leichnam vollständig verbrannt ist. Und dann wird er tanzen. Das nennt man Siva's Tanz. Er hat gewonnen. Alles ist beendet. Keine Ideen oder Gedanken oder Verlangen mehr. Alles im Feuer verbrannt und beendet. Und dann wird sich Glücklichsein einstellen und du tanzt den ewigen Tanz.

Der Liebe kannst du nicht entkommen. Wenn du sie einmal berührst, gehst du verloren. Nichts, das je existierte, das wieder herauskommen könnte. Alles wird entleert und wird *Das* selbst. Wenn der Fluss in den Ozean mündet, kehrt er nicht zurück.

Der Fluss, der in den Ozean einfließt, fragt: „Werde ich so bleiben?" Was für ein Witz.

Die Welle hat Angst. „Ich will immer eine Welle bleiben." Die Angst im Mind der Welle ist: „Ich gehe verloren." Wo sollte sie denn hingehen? Selbst wenn sie verloren geht, wo kann sie hingehen und was wird sie werden?

Wenn die Wellen-Form verloren ist, kehrt sie zurück zu ihrem Ursprung. Ozean war sie, Ozean ist sie, Ozean wird sie sein. Es existiert überhaupt kein Konzept der Zeit. Zeit ist nur im Mind eines Unwissenden. In Licht und Weisheit gibt es keinerlei Vorstellung von „Ich bin getrennt". Alles ist Einheit, Liebe und Schönheit. Es gibt kein Entkommen. Die Unwissenheit ist fort. Das ist das ewige Leben. Das ist der Nektar.

Obwohl du *Das* selbst bist, wirkt doch noch so etwas wie eine Unterströmung ... noch mehr zu sein ... der Liebe selbst noch näher zu sein. Das kann ich nicht beschreiben; vielleicht nur, wenn jemand diese Erfahrung gemacht hat und dem zustimmen kann – dass es nie aufhört. Wenn Es unergründlich ist, ist auch dieser Liebesprozess selbst unergründlich. Es hört nie auf. Es wird mehr und immer mehr, wie eine Unterströmung. Wie der Fluss, der sich in den Ozean ergießt.

Einige sagen: „Alles ist vorbei. Du brauchst nichts mehr zu tun. Und eine weitere Erfahrung gibt es nicht."

Ich fühle aber, dass da immer noch Bewegung ist, denn es lässt sich nicht ausloten; es ist unergründlich, Unergründlichkeit.

Wer immer in das Königreich eingetreten ist, kehrte nicht zurück und hat noch nicht mal ein Fax geschickt. Keine Rückkehr, keine Information und keine Beschreibung. Du löst dich auf, und dann bekommst du dieses Königreich: ewige Liebe, ewiges *Sein, Bewusstheit, Glückseligkeit*. Wer kann darüber etwas sagen?

Sein bedeutet, dass du jegliche Meinung oder Idee über dieses Königreich auflöst. Jedwede Absicht, die du bezüglich dieses Königreichs hattest, löst sich auf. Dies ist dein Königreich.

Solcherart ist der Ort. Und dieser Ort ist das Ziel eines jeden. Und dieser Ort ist hier, jetzt.

Das Verlangen nach Freiheit aufsteigen zu lassen ist in sich selbst ein Segen für deinen Boden, für dein Land und deine Familie. Für den Rest gilt es, dein eigenes Selbst zu segnen, und das kann augenblicklich getan werden. Hege keinerlei Furcht! Sitz einfach nur still und bleib ruhig! Diese Stille, diese Ruhe ist deine Natur. Sie wird dich nach Hause bringen. Sei einfach still! Wie schwierig ist es, still zu sein? Gestatte keinem Verlangen, welcher Art auch immer, aufzusteigen!

Der Lehrer wird dich nur so viel lehren wie du aufnehmen kannst und dich dann wegschicken und sehen, was passiert. Indem du Körper, Mind, Ego, Sinne und Intellekt zurücklässt, bewahre die feste Überzeugung: „Ich Bin *das Leben, Bewusstsein, Glückseligkeit.*" Nicht ausknobeln. Das hast du früher schon probiert und du weißt, dass es nicht gelingt.

Du musst mit dem Leben verschmelzen, in ihm aufgehen und eins mit ihm werden. Dann tauche ein in Bewusstsein und werde eins mit ihm! Und dann tauche in Glückseligkeit ein!

Bis hierher kann der Lehrer lehren. Alle sind zufrieden, wenn sie hier ankommen; aber das ist noch nicht alles. Es gibt noch einen Teil der Lehren, so geheiligt, so geheim, so geheimnisvoll geheiligt. Wer hat den Schlüssel zu diesem Geheimnis? Niemand weiß es.

Ich kann aber ganz sicher sagen, dass es noch ein weiteres Geheimnis gibt. Niemand hat danach gefragt. Ich habe noch von keinem gehört, der darüber hinausgegangen ist und gefragt hat.

Hier endet die Sache. In Wirklichkeit gibt es kein Ende. Es ist unergründlich. Niemand hat die Tiefen ausgelotet. Die Tiefe des Ozeans ist ausgemessen worden, die Weite des Himmels und die Tiefe des Planeten, sogar die Begrenzung des Sonnensystems hat man gemessen. Dieses aber ist bis heute nicht gemessen worden.

Je weiter du gehst, umso mehr möchtest du wissen.

Die Leute sagen, diese transzendentale Erfahrung lasse sich nicht beschreiben. Dennoch: Das ist es, was ich hören will. Dieses Sprechen vom jenseitigen Ufer aus, das Unbeschreibliche beschreibend. Aus der Stille will ich ein Wort hören, das noch nicht gesprochen wurde.

Es sei jenseits von Worten, sagen die Leute, aber dennoch: Ich bin verliebt in dieses Beschreiben. Dieses Verlangen zu stillen ist mir bis heute nicht gelungen. Aber ihr seid jung: ihr könnt mir helfen.

Glossar

ADHARMA – ➤Anti-Dharma.

ADVAITA – die Lehre der Nicht-Dualität.

ASHRAM – traditionell Ort des Rückzugs im Wald; Wohnstätte von Heiligen, Yogis und ihren (Mönch-)Schülern.

ATMA(N) – individualisiertes Bewusstsein, das vom absoluten Bewusstsein (➤Brahman) nicht verschieden ist; Sat Chit Ananda *(Sein, Bewusstsein/Gewahrsein, Glückseligkeit).*

AVATAR(A) – buchst. „Herabsteigender". Inkarnation oder „Herabsteigen" einer Gottheit, besonders eine der zehn Inkarnationen ➤Vishnus (➤Krishna).

BHAKTI – liebende Hingabe an Gott; der Erkenntnisweg der Liebe.

BHIKSHA – Essen, das als Almosen gegeben oder um welches gebettelt wird. Der Akt des Gebens von Bhiksha ist gleichzeitig auch eine Opfergabe an den Guru und an Gott.

BHIKSHU – Suchender; „Einer, der zu erlangen sucht."

BRAHMA – in der Hindu-Kosmologie Gott als Schöpfer *(Brahma, Siva, Vishnu).*

BRAHMAN – das Absolute = absolutes Sein *(sat),* absolutes Bewusstsein/Gewahrsein *(cit),* absolute Glückseligkeit *(ananda);* identisch mit ➤Atma(n).

CITDHARMA (CID-DHARMA) – Wunsch-, Zauberstein; die dem Bewusstsein immanente Fähigkeit, in Übereinstimmung mit dem ➛Dharma zu erschaffen.

DARSHAN – Gnade des Selbst; von der Sanskrit-Wurzel *drs* = sehen; Anblick eines Heiligen oder einer Gottheit, besonders wenn sich die Augen treffen; in der Gegenwart eines Heiligen oder Meisters sein oder in dessen Gegenwart aufgenommen werden.

DEVOTEE – es gibt im Deutschen kein entsprechendes Wort. Weder das gebräuchliche „Anhänger“ noch „Verehrer“ sind angemessene Alternativen. Devotion ist weder gänzlich passiv noch gänzlich aktiv. Es ist Liebe in vollständiger Ergebenheit und Hingabe an eine Sache, eine Person oder an Gott.

DHARMA – Wahrheit/Weg; eigentlich: „Harmonie des Geistes“. Erkenntnisweg; Lebenswandel im Einklang mit dessen zugrunde liegender Ordnung.

DHYANA – No-Mind-Meditation; Versenkung, ohne Gedanken- oder Gemütsregung.

GURU – buchst. „Entferner von Dunkelheit“; ein spiritueller Lehrer.

GURU PURNIMA – „Guru-Vollmond“; Fest zu Ehren und zur Huldigung des ➛Gurus, das in jedem Jahr zum Juli-Vollmond gefeiert wird.

-JI – dem Namen als Ehrentitel zugefügte Nachsilbe (Hindi und Sanskrit), um Respekt und Achtung auszudrücken. Höfliche Anrede.

JIVAN-MUKTA – „eine befreite Seele“; ein befreiter Mensch.

JIVAN MUKTI – Befreiung; Selbstverwirklichung; traditionellerweise während der Körper noch existiert.

JNANA – Wissen, Weisheit; insbesondere Wissen, das unanfechtbar und dauerhaft ist; absolutes Wissen.

KRISHNA – Hindu-Gottheit; der achte ➤Avatar von ➤Vishnu; gilt als Inkarnation der Liebe; Krishna wird als eigenständige Gottheit verehrt.

LILA – das Göttliche Spiel des Selbst; Tanz der Erscheinungsformen.

MAHAR(I)SHI – großer Seher; Ehrentitel.

MAHESH – ein anderer Name für ➤Siva.

MANTRA(S) – ein geheiligtes Wort, Silbe oder Wortgruppe(n) – wird auch vom Guru an seinen Schüler weitergegeben –, eine Hymne; die Wiederholung von Mantras ist eine der gebräuchlichsten Formen von ➤Sadhana.

MIND – es gibt im Deuschen keine angmessene Übersetzung dieses Begriffs. Ego (= Ich-Konzept); Geist, denkender Geist, Verstand, Psyche, Körper-Verstand-Mechanismus, Identifikation mit den Gedanken-Prozessen sind alles unzulängliche Begriffe eines komplexeren Phänomens.

NO-MIND – scheinbarer Widerspruch, der den natürlichen „Zustand" der Meditation ohne einen Ich-Gedanken beschreibt, von reiner gegenwärtiger Intelligenz.

OM – der ursprüngliche, uranfängliche Klang, aus dem alle Schöpfung entspringt.

PRAJNA – transzendentale Weisheit; Bewusstsein (buchst. Wissen darüber hinaus).

PRANA – vitale Energie; Lebensatem; gemeinsame Basis von Atem und Mind.

PRATISTHAN – Bleibe; Gedenkstätte.

PURUSHA – kosmischer, ursprünglicher Geist.

RISHI – buchst. „ein Seher“; ein erleuchteter Heiliger; jemand, der durch Innenschau sein eigenes Selbst erkannt hat.

SADGURU (SAT-GURU) – buchst. „Wahrheits-Lehrer“. Der wahre Lehrer; niemand anderer als dein eigenes ➛Atman oder Selbst, manifest in einer menschlichen Form; Übermittler von Erleuchtung.

SADHANA – spirituelle Praxis; bewusste spirituelle Übungen.

SADHU – wandernder Asket; heiliger Mann, der sich in ➛Sadhana als Lebensform übt.

SAHAJ SAMADHI – natürliches Versunkensein in der Leerheit, dabei scheinbar mit weltlichen Dingen beschäftigt.

SAMADHI – Versunkenheit in Glückseligkeit; Transzendenz der drei Normalzustände (Wachen, Schlafen, Träumen).

SAMSARA – das Gefangensein im Leiden durch endlose Wiedergeburt im Kreislauf von Geburt und Tod; die empirische Welt von Namen und Formen.

SANNYAS(a) – der Eid, allem weltlichen Begehren zu entsagen.

SANNYASIN – jemand, der den Entsagungseid abgelegt und alles weltliche Streben hinter sich gelassen hat.

SATSANG – Assoziation mit, in Gemeinschaft mit der Wahrheit *(sat* = Wahrheit, *sang* = Gruppe*)*; Unterhaltung oder Gesellschaft mit einem verwirklichten Heiligen.

SATTVA – Reinheit, Klarheit, Harmonie; eine der drei ursprünglichen Qualitäten oder „Stränge“ *(gunas)*, die in ständiger Interaktion wirken *(sattva* = erhellend; *rajas* = aktivierend; *tamas* = zurückhaltend*)*.

SHANTI – Friede.

SIDDHA – jemand, der yogische Kräfte/Fähigkeiten besitzt.

SIDDHI(S) – yogische Kräfte/Fähigkeiten.

SIVA – Gott der Zerstörung in der Hindu-Mythologie; in seiner erweiterten Bedeutung auch der Gott, der die Egos seiner ➛Devotees zerstört.

SOMA – Leben spendende und erneuernde Substanz, deren Essenz von vergöttlichten (Soma-)Pflanzen extrahiert und vom Menschen genossen werden kann. Von großer Bedeutung bei Opferritualen.

SRI – buchst. „der Glück Verheißende", „unter einem günstigen Stern Stehende". Wird oft als Ehrentitel dem Namen vorangesetzt und benennt außerdem Devi, die Göttliche Mutter.

SRI RAMANASRAMAM – der Ashram von Sri Ramana Maharshi in Tiruvannamalai, Südindien.

SUTRA(S) – buchst. „ein Faden, eine Naht"; erleuchtete Schriften.

SWAMI – buchst. „sich selbst zu Eigen"; jemand, der das Selbst realisiert hat; ein spiritueller Lehrer, Guru; oft respektvolle Anrede für ältere Mönche.

SVARUPA – die eigene Form, Natur; der eigene Charakter.

TAPAS – buchst. „Hitze"; intensive spirituelle Praxis; das Verbrennen von Ignoranz aufgrund der unverbrüchlichen Verpflichtung an die Wahrheit.

VASANAS – latente Neigungen; verdrängte, unterbewusste Identifikation.

VICHARA – Selbsterforschung, Selbstbefragung; Erforschung des eigenen Seins.

VIDEHA MUKTI – „körperlose Befreiung“; dem allgemeinen Verständnis nach der Post-mortem-Zustand eines Erleuchteten.

VIPASSANA – buchst. „Einsicht“ oder „intuitive Kenntnis“; im Buddhismus weit verbreitete Meditationsform.

VISHNU – in der Hindu-Trinität der Gott der Erhaltung und der Erscheinungen *(Brahma, Siva, Vishnu).*

YAGNA – rituelles Opferfeuer.